Adolf Uzarski
Lesebuch

Zusammengestellt
und mit einem Nachwort
von
Bernd Kortländer

Nyland-Stiftung

Nylands Kleine Rheinische Bibliothek 18

Nylands Kleine Rheinische Bibliothek
hg. im Auftrag der Nyland-Stiftung, Köln,
und in Zusammenarbeit mit dem Rheinischen
Literaturarchiv im Heinrich-Heine-Institut
von Walter Gödden und Enno Stahl

Band 18

Die Deutsche Nationalbibliothek verzeichnet diese Publikation in der Deutschen Nationalbibliografie; detaillierte bibliografische Daten sind im Internet über https://portal.dnb.de/ abrufbar.

Gedruckt auf umweltfreundlichem, chlorfrei gebleichtem und alterungsbeständigem Papier.

Titelfoto: privat

Bücher der Nyland-Stiftung, Köln,
im Aisthesis Verlag
www.aisthesis.de

Die Herausgeber haben sich vergebens bemüht, Inhaber von Nutzungsrechten an Texten oder Grafiken Uzarskis ausfindig zu machen. Für den Fall, dass Nutzungsrechte an einzelnen Texte oder Grafiken bestehen, werden die Inhaber der Rechte gebeten, sich an die Herausgeber zu wenden.

© 2023 Nyland-Stiftung, Köln
Umschlaggestaltung: Kirsten Adamek
ISBN: 978-3-910246-15-7
Druck: docupoint, Barleben

Inhalt

Aus den Romanen

I. Deutsche Verhältnisse*

1. Deutsche Geschichte im Überblick

1.

Dort wo Deutschland sich heute ausbreitet, war früher – es ist das nun schon lange her und kaum jemand wird sich noch an diese Zeit erinnern können – eine einzige wildwuchernde Gegend, in der Bären, Wölfe, Auerochsen und Germanen ihr freies, ungebärdiges Wesen trieben, ein so freies Wesen, daß man sagen kann, daß einzig zu dieser Zeit man in Deutschland wirklich gewußt hat, was Freiheit ist. Vor allem die Germanen, die Urväter der heutigen Deutschen (was hier besonders gesagt werden muß, da vielfach irrtümlich angenommen wird, die Auerochsen wären ihre Vorfahren gewesen), die Germanen waren eine ganz tolle und einzigartige Gesellschaft. Sie lagen den ganzen Tag auf ihren Bärenhäuten und tranken aus riesigen Ochsenhörnern Met, bis sie bullenmäßig besoffen waren. Wer soviel Met auf einen Sitz saufen konnte, daß das Gebräu genau 100 Zentimeter hoch in ihm stand, wurde ein ›Meter‹ genannt, ein Wort, daß sie aus Hochachtung vor solchen Taten heute noch für alles gebrauchen, was genau 100 Zentimeter hoch steht oder liegt. Was sie sonst noch taten und trieben, weiß ich nicht genau, es sei denn, daß sie unter sich ständig sich in den Haaren (die lang, strohgelb und von Filzläusen durchsetzt waren) lagen. Aber es kann sein, daß ich

---

* Die folgenden Texte sind Auszüge aus den Romanen »Die Reise nach Deutschland« (1), »Möppi« (2./3.), »Die spanische Reise« (4.) und »Das Hotel zum Paradies« (5.), die hier thematisch neu zusammengestellt werden. Die genauen Textnachweise finden sich im Kommentar am Ende des Buches.

das mit der heutigen Hauptliebhaberei der Deutschen verwechsle. –

Eines schönen Tages nun kamen die Römer angefahren und wollten die Germanen zum römisch-katholischen Glauben bekehren. Denn die Germanen waren bis dahin garnichts (der Protestantismus war damals noch nicht erfunden), sie ließen weder ihre Kinder taufen (was eine traurige Sache ist), noch sie oder sich selbst durch einen Herrn Geistlichen beerdigen. Übrigens fällt mir bei dieser Gelegenheit eine kleine Geschichte ein, die ich hier kurz erzählen will, obwohl sie nicht eben viel mit der Geschichte Deutschlands zu tun hat. –

Herr Doktor Carbólico wurde einmal zu dem kranken Sohn des Herrn Pastor Speimann von der kleinen deutschen Gemeinde in Sevilla gerufen. Nachdem er den jungen Herrn eingehend untersucht hatte, erklärte er, daß es am besten sei, ihn ins Krankenhaus zu schaffen. –

Nun war Herr Pastor Speimann ein sehr genauer und sparsamer Herr, der einen Centimo erst zwanzigmal von einer Tasche seines schwarzen Anzugs in die andere tat, ehe er ihn ausgab. Deshalb sagte er: »Das ist eine teure Sache. Aber glauben Sie, Herr Doktor, daß ich meinen Sohn z.B. in der dritten Klasse liegen lassen könnte? – Ist zwischen der zweiten und dritten Klasse ein Unterschied in der ärztlichen Behandlung?« –

»Keineswegs,« sagte Herr Doktor Carbólico, »im Gegenteil, wir tun bei allen Kranken ohne Unterschied nach unseren Kräften das Möglichste, sie gesund zu machen! Das ist ja auch klar! – Oder ist es in Ihrer Heimat anders? –, würden Sie, Herr Pastor, einen Unterschied machen, wenn Sie einen armen Jungen oder den Sohn eines Millionärs zu begraben hätten?« –

»Natürlich nicht!« sagte Herr Pastor Speimann. »Aber ich will meinen Sohn doch lieber in der ersten Klasse liegen lassen!« – – – –

Also, eines Tages kamen die Römer angefahren. Das wollten nun die Germanen durchaus nicht leiden, sie rotteten sich zusammen und verprügelten unter szenischer Leitung eines Herrn Hermann aus dem Städtchen Cherusk (was man erwähnen muß, weil jeder zweite Herr in Deutschland Hermann heißt) den unwillkommenen Besuch derartig, das ihm das Gedärm wie Makkaroni aus allen Löchern flog. Das war den Römern nicht besonders angenehm, aber um sie noch mehr zu ärgern, wählten die Germanen sich einen Kaiser mit Namen Karl, der durch seine besondere Größe in der Geschichte fortlebt (denn dicke und große Leute genossen bei ihnen damals wie heute ein besonderes Ansehen), und von dem man als seine schönste Tat berichtet, daß er viele tausend Sachsen, die anders wollten wie er, kurzerhand zu Mus zerstampfen ließ. –

Das machte den Germanen oder Deutschen, wie sie sich von da ab nannten, einen ungeheuren Spaß, weshalb sie denn ganz damit einverstanden waren, daß nach dem Tode Karls des Großen dessen Sohn, und nach dessen Tod dessen Sohn usw den Thron bestieg. Doch ist über all diese Herrschaften nicht viel zu sagen und sie sind nur gut, die jungen Leute in den Schulen mit ihren Jahreszahlen zu ärgern. –

Das ging denn nun so eine lange Zeit weiter, in der sich die Deutschen mit aller Welt, hauptsächlich aber unter sich herumschlugen und abmurksten, bis der bekannte Martin Luther den kleinen Plänkeleien ein Ende machte, indem er ihnen ein vorzügliches Mittel an die Hand gab, sich dreißig Jahre lang an einem Stück und so gründlich zu verhauen, zu brennen, sengen, plündern und morden, daß das Land bald aussah wie Lissabon nach dem Erdbeben.* Was Luthern so ins Gewissen schlug, daß er sich

---

* Oder wie Oberschlesien, seitdem die Polen dort sitzen. – (Der Übersetzer)

an seiner Bettstelle erhängte (wie bekanntlich jedes katholische Kind aus der Schule weiß). – –

2.

Das schöne Beispiel des Dreißigjährigen Krieges ließ den großen Friedrich nicht ruhen, seinerseits ebenfalls der Welt ein prächtiges Schauspiel mit Kanonendonner und fliegenden Kaldaunen zu geben, ein Schauspiel, das er denn auch sieben Jahre lang mit großem Erfolg und zur Bewunderung des ganzen Erdballs aufführte. Auch sonst war er ein hervorragender Mann, der ausgezeichnete französische Verse schrieb und brillant auf der Flöte spielte. Von diesem seinem Flötenspiel kann ich hier eine kurze Geschichte erzählen. –

Bei einer Truppenparade trat der große Friedrich an einen baumlangen Flügelmann heran und fragte ihn: »Na, Grenadier, kann er gut laufen?« –

»Jawohl, Majestät!« schmetterte der Flügelmann. –

»Schön! Dann lauf' er mal und fang den!« – und damit ruckzuckte der große Friedrich mit dem rechten Bein und ließ einen famosen Flötenton streichen. –

Der Flügelmann, nicht faul, knallte eine Kehrtwendung und begann zu laufen. Lief über das Tempelhofer Feld, durch die Siegesallee und die Friedrichstraße, auch noch durch ganz Potsdam, und kam endlich etwas außer Atem wieder an. –

»Nun, mein Sohn, hat er ihn?« fragte leutselig der große Friedrich. –

»Jawohl, Majestät!« schmetterte der Flügelmann, ruckzuckte mit dem rechten Bein und ließ einen Donner rollen, daß der Königin in ihrer Kutsche und allen Hofdamen die seidenen Röcke bis zu den Hüften hochflogen und man in Wien am Ballhausplatz zitternd um gnädigen Frieden bat. –

»Brav, mein Sohn, sehr brav!« lobte der große Friedrich, »von heute ab ist er Leutnant!« – – –

10

Doch konnte es bei der von den hohen Nachfolgern des großen Friedrich ausschließlich geübten Art, nach dem Beispiel des eben erzählten Spaßes Offiziere nur nach dem Grade ihrer Tüchtigkeit als Tänzer, Zotenreißer, Schauspieler und Boudoirhelden zu befördern, nicht ausbleiben, daß Deutschland in dem von Napoleon Bonaparte mit Lust und Geschick gespielten Kriegsspiel »Katz und Maus« die Rolle der Maus, wenn auch ungern, zu übernehmen gezwungen wurde. Ungern, weil es bis zum heutigen Tage glaubt, daß Gott speziell und in allen Fällen es dazu ausersehen hat, bei allen Händeln die angenehme Rolle der Katze zu spielen.

Nur schwer ertrugen die Deutschen, wie man sich denken kann, die fremde Bedrückung (denn von ihren eigenen Herrschern sich wie Dreck am Stecken behandeln lassen, wollten sie als treue Untertanen gern, nicht aber von fremden), weshalb sie einen von Napoleon sich im kalten Rußland geholten Schnupfen abpaßten, um mit Hilfe der Engländer, Österreicher und Russen über den verdutzten, mit verstopfter Nase dasitzenden Bonaparte herzufallen und ihn auf Sankt Helena gefangen zu setzen. Was sie dann Freiheitskriege nannten. – Das ging nun eine Zeitlang ganz gut. Ihre Herrscher hielten schöne Reden, weihten Dome und Denkmäler ein, erfreuten sich an Tänzerinnen – unter denen unsere Landsmännin Fräulein Lola Montez eine besondere Figur machte – und fühlten sich wohl wie Mist im Blumentopf, so wohl, daß das Volk, das sich so wohl zu fühlen weder Anlaß noch Recht hatte, allerorten kleine Revoltiönchen anzettelte, einmal, um auch sein Vergnügen zu haben, das anderemal, weil es mit Fleiß und allen Mitteln dazu erzogen war, Säbel und Schießgewehr als die bestmögliche Art der Auseinandersetzung anzusehen. –

Doch konnte einem so tatenfrohen Volke eine noch so bewegte Tätigkeit in der inneren Mission auf die Dauer nicht genügen, weshalb es mit Jubel den großen Bismarck begrüßte, der Deutschland das verschaffte, was es, wie das Rasiermesser einen Hals, zu einem frohen und reichen Leben so nötig brauchte: eine Reihe von frisch–fröhlichen Kriegen. Rasch wurde das deutsche Volk nun der ersten seiner zwei herrlichen Zeiten entgegengeführt wie das Schaf zur – – – – – – – – – – – – – – – – *

* Der Übersetzer wollte es nicht auf sich nehmen, die folgende Schilderung der ›beiden herrlichen Zeiten‹ hier abzudrucken. Denn Herr Borrico hat sie durch eine Brille gesehen, die den von uns gebrauchten, hochpatriotisch rosarot gefärbten Gläsern so sehr entgegengesetzt (und deshalb natürlich falsch) ist, daß kein Mensch bei uns eine so ungerechte und falsche Darstellung unserer erhabenen Menschenschlächterei lesen könnte, ohne hochzugehen wie eine explodierende Pulverfabrik. – (Der Übersetzer)

2. Deutsche Kleinstadtverhältnisse – Krähwinkler-brück

Krähwinklerbrück ist nett und reizend! – Es hat vielleicht hundert Einwohner, teils männlichen, teils weiblichen Geschlechts, teils jüngeren, teils älteren Datums, vier Kirchen, acht Wirtschaften, rechts und links von jeder Kirche eine, einen Bahnhof mit einer Uhr und ein Café, in dessen Schaufenster liebe Fliegen auf reizende Papierspitzendeckchen niedliche Müsterchen punktieren. –
Den Bahnhof erkennt man gleich als solchen an einem großen Schild

> Schützet das deutsche Vaterland,
> Befreiet es aus Juden Hand! –

Ich kann an diesem Schild nicht vorübergehen, ohne nicht auch meine Ansicht über die Juden und solche, die es werden wollen, auszusprechen. Also, erstens: jeder Hund weiß, daß die Juden nur kleine Kinder essen. Das ist erwiesen! – Ich wollte nun nichts sagen, wenn sie nur ihre eigenen Kinder äßen. Denn wenn sie gut schmecken, warum nicht? – Aber daß sie nachts in die Häuser anderer Leute, der sogenannten Christen, heimlich schleichen, dort die lieben kleinen Christenkinder stehlen, um Pasteten und Sauersüß-Ragout aus ihnen zu machen, ist eine Gemeinheit. – – Zweitens: Es ist erwiesen, daß die Juden unter dem Deckmantel des Fleißes, des Niebesoffenseins und der geschäftlichen Tüchtigkeit bessere Geschäfte machen wie die etwas blöderen, aber dafür selbstbewußteren Christen. Das ist wieder eine Gemeinheit! Niemand darf bessere Geschäfte machen wie die deutschen Christen, denn sie sind nicht nur die besten der Welt, sondern vor allem, wofür wären sie denn Christen, wenn sie nicht besser wären als die Juden? –

Drittens: Sie stiften überall Streit! Als Karl Meskendahl mit den Andern vor der Türe des Herrn Tinff auf Behandlung wartete, fragte Fritz Opmboom, der eben von der Behandlung kam und sich ärgerte, weil Herr Tinff ihm anscheinend das Zigarettenrauchen nicht weghypnotisieren konnte: »Wat is denn dat für'n Orden?« –

»Dat?« sagte Karl Meskendahl und schielte mit einem halben Blick über die Nase weg auf das Doublé-Dingelchen, das ihm im Knopfloch hing, »dat is dat Hakenkreuz!« –

»So?, dat Hakenkreuz? – – un warum is dat dat Hakenkreuz? – «

»Weil ik en Judenfeind bin!« sagte Karl Meskendahl und zupfte stolz an einem Härchen, welches als die erste Ahnung einer zukünftigen Bartanlage sein Kinn zierte.

»So? Un warum bis du en Judenfeind?« bohrte Fritz Opmboom eigensinnig weiter.

»Warum? – weil ick in'n deutsch-völkischen Schutz- und Trutzbund bin!«

»So? – Un warum bis du in den Bund?« –

»Dat geht dich en Dreck an!« sagte Karl Meskendahl, drehte sich um und spuckte durch das Podestfenster auf Limbergs Hühnerstall.

»So? – « schrie plötzlich Fritz Opmboom wie wild, »en Dreck, en Dreck? – « und gab Karl Meskendahl einen so heftigen Tritt in seine rückwärtige Partie, daß er mit dem Kopf zuerst die Treppe hinunterfiel, sich die Oberlippe und den Serviteur nebst aufgenähter Krawatte auf-, und unten, kurz vor seiner Landung im Hausflur, mit den ängstlich greifenden Armen einen Kasten mit einer ausgestopften Lachtaube von der Wand abriß. Es gab einen schrecklichen Lärm und ein wüstes Geschimpfe. Unten hielt Herr Buchsenschitz Karl Meskendahl am Rock fest und sagte, er schlage ihm sämtliche Knochen im Leibe kaputt – Herr Buchsenschitz war nämlich sehr stark –, wenn er ihm nicht einen neuen Kasten mit einer neuen

Lachtaube kaufe. (Denn der Kasten war aufgeplatzt, die Scheibe zerbrochen und die Lachtaube hatte die sie stützenden verdrahteten Beinchen und damit ihre Contenance verloren und sah wenig zum Lachen aufgelegt aus.) Oben kam Herr Tinff aus dem Sälchen gestürzt, riß in der Hast das in der Ecke stehende Tischchen mit Pompondeckchen um, dessen scharfe Kante mir aufs Genick fiel, und rief: für Lümmels sei ihm seine Kunst zu heilig und wenn die Herren sich nicht ganz ruhig verhalten könnten, danke er dafür, noch einen von ihnen zu behandeln. –

Alles das wäre nicht passiert, wenn es keine Juden gäbe. Darum: Auf! Deutsch-völkischer Schutz- und Trutzbund – (ich überlege allen Ernstes, ob ich nicht versuchen soll, Mitglied dieses nützlichen Klubs zu werden –, sie können sicher einen Hund gut gebrauchen), hetze, schüre, verleumde tüchtig weiter! Und möglichst ohne Namen und im Dunkeln, das ist am sichersten und man kann ohne Gefahr so richtig gemein sein. Wenn der Jude Silberstein mehr Geld verdient wie Herr Schlampes, sage: Silberstein hätte schon mal lebenslänglich Zuchthaus gehabt und wenn der Jude Luftzug Kommerzienrat wird, sage: er habe sein Geld mit einer Christenkindermästanstalt verdient und seine Frau sei eine geborene Nachtstuhl und die Spatzen pfiffen es von den Dächern, daß sie früher in der Neustraße ein übelberüchtigtes Haus geführt habe. Und wenn – – – doch das versteht der deutsch-völkische Schutz- und Trutzbund sicher viel besser wie ich und er wird auch ohne meine Ratschläge genau wissen, wie Deutschland aus dem Dreck zu fahren ist. –

Ich fahre nach diesen, allerdings notwendigen Bemerkungen in meiner Schilderung Krähwinklerbrücks fort. –

3. Deutsche Großstadtverhältnisse – Düsseldorf

Dieser sanfte und hübschfrisierte Höhenzug, meine verehrten Herrschaften, auf dem Sie in diesem Augenblick stehen, ist der sogenannte Grafenberg. Jener langgestreckte Gebäudekomplex dort zu Ihrer Linken ist die Irrenanstalt Grafenberg, so genannt nach den Düsseldorfer Bürgern, die dort, selbstverständlich nur zu einem verschwindend geringen Teil, wohnen. Denn Düsseldorf hat über 400 000 Einwohner. – Es ist dieselbe Irrenanstalt, deren Vorhandensein Robert Schumann so unangenehm empfand; allerdings ist hierbei zu bemerken, daß das im ersten Anfang seines Düsseldorfer Aufenthalts war. Hätte er Düsseldorf und die lieben Düsseldorfer schon länger gekannt, würde er höchstwahrscheinlich die Irrenanstalt kaum als eine so peinliche Angelegenheit bezeichnet haben. –

Hier, zu Ihren Füßen, dieses die Horizonte begrenzende, von dem Rauch und Qualm unzähliger Fabrikschlote dunstig umhüllte Häusermeer ist die Kunst- und Gartenstadt Düsseldorf. Freilich muß sie zu Heines erster Jugendzeit mit ihren »16 000 Menschen« wesentlich anders ausgesehen haben; damals dominierten noch der Hofgarten, die schönen Bauten des famosen Jan Wellm, die putzigen, schnörkligen Giebelhäuschen und die alte Gemütlichkeit, und zehn Minuten vom Mittelpunkt des Städtchens begann schon die kohl- und salatbepflanzte Gegend. Es fehlte alles das, was heute die Kunst- und Gartenstadt ausmacht: die Akademie, die großen Hotels, die Fabriken, die romanischen, gotischen, maurischen Kirchen und die zahllosen Pracht- und Mietsbauten in allen möglichen und unmöglichen Baustilen. Damals kamen Karl Immermann, Felix Mendelssohn und Robert Schumann, hier soff und schrieb Christian Dietrich Grabbe mit gleich gewaltiger Meisterschaft, hier verglühte Norbert Burgmüller seine wenigen Jahre und am

16

Horizont wetterleuchtete der junge Johannes Brahms. Zwar blieben sie nicht lange, die Maler, Dichter und Musiker, denn die lieben Düsseldorfer hatten damals schon ihren verdammt eigenen Kopf und ließen sich nicht gerne in ihrer altgewohnten Gemütlichkeit stören, aber sie hatten doch wenigstens einen Kopf, wenn auch einen etwas verqueren und mit einem schiefgedrehten Zöpfchen hinten. Heute hingegen haben wir eine halbe Million Köpfe mit einem monströsen Enkel des Zöpfchens, aber keinen Kopf; es kommen weder Maler, Musiker und Dichter, noch gehen die, die da sind (wovon das letztere das Bedauerlichere ist), und wenn es wetterleuchtet, tun das die belgischen Kanonen auf der anderen Rheinseite. – Sicher – Heinrich Heine würde heute seiner Vaterstadt ein Denkmal setzen, anders wie das bekannte: ›Die Stadt Düsseldorf ist sehr schön und wenn man in der Ferne an sie denkt‹ – – – usw, und es muß bezweifelt werden, ob die Düsseldorfer seine heutige Meinung ebenso gern im Munde führen und auf Pappe und Porzellan gepreßt über ihre Sofas und Vertikows hängen würden, wie die zwei ehrenden Sätzchen. Es muß sehr bezweifelt werden, denn selbst diese beiden Sätzchen, das Liebenswürdigste, was je über ihre Stadt geschrieben wurde, hat die Düsseldorfer nicht dazu bringen können, ihrem größten Sohne den gebührenden Dank abzustatten. Mag sein, daß sie ahnen, daß der große Henri ihre Stadt mit anderen Augen angesehen hätte wie der kleine Harry, mag sein, daß sie gelesen haben (man behauptet wenigstens, es gäbe Düsseldorfer, die von Heine mehr kennen als seinen Hymnus auf ihre Stadt), wie er mit den heiligsten Gütern unserer Nation, mit sechsunddreißig Fürsten und speziell unseren vielgeliebten, ebenso gottesfürchtigen wie hocherhabenen Hohenzollern-Königen umgesprungen ist, vielleicht sogar weiß der eine oder andere von ihnen, daß er ein – verzeihen Sie! – Jude war – – kurz, Düsseldorf hat es immer abgelehnt, ihn, den »Affen im deutschen Dichterwald« (wie ihn die guten Stadtverordneten bezeichneten) in irgend einer Form zu ehren. –

Doch sind im ganzen genommen die Düsseldorfer sehr nette Leute und man kann ihnen selbst eine gewisse Intelligenz nicht absprechen. Ihre Kartoffeln sind mit Recht durch ihren geradezu abnormen Umfang weitberühmt und mir haben schon viele Düsseldorfer versichert, daß die Büffel z. B. in ihrem Zoologischen Garten an Größe von keinem in ganz Deutschland übertroffen werden können, eine Tatsache, die von Jedem unbedingt zugegeben werden muß, der die Düsseldorfer Büffel kennen zu lernen Gelegenheit hatte. – Ja, die Düsseldorfer sind durchaus nette Leute und sie sehen im Vollgefühl, Bürger einer solchen Stadt zu sein, mit Recht auf alle anderen Leute herab. Sie haben den besten Oberbürgermeister, den besten Musikgeneral-, Akademie- und Latrinenreinigungsdirektor, ihre Künstler malen die schönsten Bilder und die Bilder haben die dicksten Goldrahmen. Sie fabrizieren den besten Mostrich, ihre Töchter bekommen die reizendsten Kinderchen und ihre Kriegsküche verursacht die schönsten Bauchschmerzen. – – –

Halblinks das mächtige Gebäude ist das Mannesmannhaus von Peter Behrens. Es ist das Einzige, was sie ihm zu bauen erlaubt haben, und auch das nur, weil sie nichts dabei zu sagen hatten. Denn sonst würden sie es bestimmt von Herrn Dingeskirchen haben bauen lassen, der ein Einheimischer und im romanischen Baustil Peter Behrens um viele Vorlagenwerke voraus ist. –

Jene beiden über das Häusermeer hinausragenden Baukästen, dort ungefähr im Zentrum und etwas mehr nach rechts, sind die beiden Wahrzeichen Düsseldorfs, das Warenhaus von Josef Maria Olbrich und die Kunstakademie des Herrn Direktors Fritz Roeber. Sie haben beide von hier aus eine auffallende Ähnlichkeit, die allerdings an Auffälligkeit verliert, wenn man weiß, daß man in beiden alles das bekommen kann, was man anderswo besser erhält. –

Das Rathaus ist von hier aus kaum zu sehen. Es ist alt und staubig und erweckt keinerlei Interesse. Leider erscheint es ausgeschlossen, ein neues zu bauen, da Düsseldorf keinen Bauplatz hat, der groß genug wäre, um auf ihm ein Gebäude für die vielen Bürgermeister zu errichten. –

Ganz rechts, das große Gebäude mit der Kuppel ist der Kunstpalast, in dem abwechselnd Kunst- und Mastviehausstellungen stattfinden. Daneben das Gebäude mit dem roten Dach ist die Regierung. Auf seiner Spitze steht ein schwarzer Adler mit ausgebreiteten Schwingen. Er steht in der Richtung nach Holland, aber er fliegt nicht weg. Mit starken Krallen hält er die Spitze, denn er ist fest verankert und Niemand könnte ihn, außer mit Dynamit, zum Fliegen bringen. Von hier aus erscheint er nur als ein kleiner Punkt, aber aus der Nähe ist er deutlich sichtbar. – Düsseldorf hat auf vielen roten Dächern schwarze Adler, doch sind die meistens gut versteckt oder stehen auf der Hinterseite der Gebäude, denn es gibt da böse Leute, die nach den Adlern schießen und ihren roten Hahn auf die roten Dächer setzen würden. –

Was sonst noch hervorragt sind Kirchen. Die wenigen alten Kirchen sind aus der Barockzeit und selbstverständlich im Barockstil, die andern sind modern und selbstverständlich im romanischen Stil erbaut. Eine Ausnahme bildet die – verzeihen Sie! – Synagoge, aber davon kann man natürlich unter anständigen deutschen Herrschaften nicht sprechen. Jenes silberglänzende Band, welches so kontrastreich wie eine echte Strähne unter schwarzer Perücke das steinerne Gewirr begrenzt, ist der Rhein. In majestätischer Größe zieht er, wie alles Große, an Düsseldorf vorüber und was er anschwemmt, sind Leichen, Dreck und verfaultes Gerümpel.

Düsseldorf hat sein Unter den Linden, sein Rotten Row, seine Rue de Rivoli, und seinen Newsky-Prospekt so gut wie Berlin, London, Paris und Petersburg. Es ist die Königsallee, der Mittelpunkt der Stadt. Hier konzentriert sich das großstädtische Leben, die Düsseldorfer höchste Eleganz. Hier können Sie alles haben, Anzüge, Lotterielose, Schokolade, Bücher in Pappdeckel und Schweinsleder, Hosenstoffe und Ölgemälde, Grammophone und die »Düsseldorfer Nachrichten«, Kastanienbäume, einen Stadtgraben und eine große Auswahl von Damen in allen Farben und Größen, sowohl aus der Kaiser-Wilhelm- wie aus der Rethelstraße. Hier gehen sie am Tage spazieren, die Damen, über die nachts die Herren spazieren reiten. Hier flanieren die Herren Hotel-Studenten mit Bierzipfeln, bunten Mützen und seidenen Couleurbändern, die Herren Gymnasiasten mit dem Hakenkreuz im Knopfloch und dem Kleingeld aus des Herrn Papa Portokasse in der Hosentasche. Und sehen den ehrsamen Bürgerstöchtern nach, die mit kurzen Röckchen, Durchseh-Blusen und Florstrümpfen ihre Kolleginnen von der beinspreizenden Fakultät so gern kopieren möchten. – Hier können Sie Peter Cornelius in Bronze, die Henny Porten im Film, den Düsseldorfer Kunstkitsch in Reinkultur und den Düsseldorfer Löwen in Mahagoniholz sehen. – Armer Löwe! – Ohnehin nur der schwächliche Sohn deines starken braunschweigischen Vaters, hat man deinen polierten Mahagonileib mit eisernen Nägeln vollgespickt, so daß du bewegungslos alle die schlechten Reden und patriotischen Hammerschläge über dich ergehen lassen mußtest und noch nicht mal dein Wasser in den Stadtgraben abschlagen kannst, trotzdem er dir nicht günstiger liegen könnte. Und nur ein Trost ist dir geblieben: du hast den schönsten Spruch des berühmtesten Düsseldorfer Dichters, des Bankiers L., zwischen den Beinen. –

Sehenswert sind hier noch ein im Stadtgraben nach Wal-
fischen jagender Meergott aus Beton, die bei der gesamten Künstlerschaft sehr beliebte Galerie Fluchtheim, der
von sympathisch gutgenährten Damen und Herren ge-
tragene Brunnen des Herrn Mösch, das mit einer Fülle

von eben so hübschen wie entgegenkommenden Verkäuferinnen ausgestattete Warenhaus Tietz und ein elegant eingerichtetes Straßenpissoir. –

Gleich schließt sich hier der Hofgarten an. Er ist schön, der Hofgarten. Auch wenn die Düsseldorfer in ihm spazieren gehen. – Auf seinen Weihern ziehen weiße Schwäne mit verachtungsvollem Gesicht, lustige Enten stippen ihren fetten Popo in die Luft, und der »Grüne Junge« erschrickt vor dem Hippopotamus – vielleicht ein Sinnbild der Stadt –, das eine erschreckende Schnauze aufsperrt und an Sonn- und Feiertagen seinen wässrigen Mageninhalt in hohem Strahl gegen den Himmel schleudert. Auf seinen Wegen stelzen und schlurfen alte Damen und Herren, die lieben Kinderchen setzen ihre Häufchen an den Fuß der Bäume, Dienstmädchen mit weißen Schürzen und prallgefüllten Blusen erzählen sich die interessantesten Dinge über ihre Herrschaft und den ältesten Sohn im Hause, und nachts ertönen von allen Bänken die seufzenden »Achs« und das Kichern der Liebespaare, die unser Herz bei dem Gedanken an Deutschlands Zukunft freudiger schlagen lassen. Auf der »Goldenen Brücke« necken die Jungens die Enten und spucken ins Wasser, vom Ananasberg weht Musik und ein feiner Geruch von aufgebrühtem städtischen Kaffee-Ersatz herüber und durch das grüne Gewirr leuchten die marmornen Leiber des Kinderbrunnens, denen Düsseldorfer Künstler aus berechtigtem Nationalgefühl nächtlichheimlich die Beine abgeschlagen haben. Muntere Vögel fliegen von Ast zu Ast, leuchtende Blumen grüßen aus jedem Gesträuch und das Betreten der Wiesen ist polizeilich verboten. – Und alles überwölbt ein herrliches Laubdach, dessen Mannigfaltigkeit auf angenagelten Schildern lateinverstehenden Leuten bekanntgemacht wird, und die Sonne malt phantastische Scherenschnitte auf die Wege, wenn es nicht regnet. – Ja, er ist schön, der Hofgarten! – –

Am Stadttheater vorbei betreten wir den Hindenburgwall. Es lebe das Stadttheater! – Hier wird das Gute, Alte mit liebevoller Hartnäckigkeit gepflegt. Hier lacht, weint, flüstert, schreit, singt und stirbt man noch genau so wie vor vielhundert Jahren. Hier bewahrt man pietätvoll die ältesten Kulissen und Wolkenstücke, Heldendarsteller und Primadonnen, Tänzerinnen und Balletteusen, Choristen und Logenschließer, treu bis in den Tod. Hier schmettern das echte Pathos und die Wagnerschen Posaunen, rollt das rundeste R und Tells Kahn, rast das dichtgedrängt schwitzende Publikum Beifall und die Kunst weint Tränen, dick wie Glasballons. Zerrend ziehen mit Keuchen die lustigen Weiber von Windsor einen zweipfundschweren Pappkoffer über die Bühne, der steinerne Komthur, »Herr Gouverneur zu Pferde«, steht ohne Pferd, zehn Zentimeter hoch auf einem Söckelchen und wackelt wie eine besoffene Hebamme, Iphigenie sieht aus wie Hulda Möppke, »die 500 Pfund schwere Riesendame«, und Wallenstein wie ein brasilianischer Indianerhäuptling in Uniform. Und über allem wacht der städtische Theaterausschuß, liebe Stadtverordnete und verdiente Metzger- und Schneidermeister vom fünfundachtzigsten Lebensjahr aufwärts.

Der Hindenburgwall, früher unverantwortlicherweise mit einem französischen Wort Alleestraße genannt, läßt schon mit seinem heutigen Namen erkennen, daß wir hier die Düsseldorfer Siegesallee vor uns haben. Vom Musiktempel, in dem an schönen Tagen unsere ebenso brave wie grüne Sicherheitspolizei sich mit patriotischen Weisen von mangelnder Tätigkeit ausruht, bis zu der Stelle auf der Rheinbrücke, an der der erste belgische Posten vor rotgelbem Schilderhäuschen steht, stoßen wir auf Schritt und Tritt gegen die erhabenen Zeichen unserer großen Vergangenheit. Nachdem wir einen Blick in die sehenswerte unterirdische Bedürfnisanstalt geworfen haben, fesselt zuerst das Moltkedenkmal unser Interesse.

Etwas fröstelnd – wir müssen ihn uns so im Winter 1871 vor Paris stehend denken – steht er in einen weiten Mantel gehüllt auf einem hohen Sockel und sieht mit ernstem Blick den »Breidenbacher Hof« an. Schweigend steht er da und läßt leutselig, ohne ihnen zu wehren, die Spatzen seine Mütze beschmitzen. Unter ihm, zu beiden Seiten des Sockels, stehen ein Landwehrmann mit aufgepflanztem Bajonett und ein Arbeitsmann, der verdächtig mit den Händen redet und einen kleinen Jungen anscheinend gerade beim »Schelleken machen« ertappt hat. Alles ist aus Bronze und es ist ein schönes Denkmal, das selbst in Milspe Aufsehen erregen würde.

Fünfzig Schritte weiter erhebt sich das Kaiser-Wilhelm-Denkmal. Das ist nun wirklich das Prachtvollste, was sich denken läßt. Den prunkhaftesten Tafelaufsatz, die phantastischste Schaufensterdekoration eines Zuckerbäckers stellt dieses großartige Denkmal weit in den Schatten. Sehen Sie nur dieses Pferd, wie lebenswahr es den Schwanz in die Höhe reckt, meint man nicht jeden Augenblick die dampfenden Äpfel uns in den staunendoffenen Mund fallen zu sehen? – Kann ein Engel mit weniger Angst am Rande eines hohen Postaments ein feuriges Pferd am Zügel führen? – Übrigens dieser Engel – nur zu den Herren gesagt – wenn ich der alte Kaiser Wilhelm wäre, würde ich eine so luftig gekleidete und hübsch proportionierte Person zu mir aufs Pferd nehmen. Aber vielleicht kennt er diese Dame schon länger und weiß, daß die Engel meistens nur äußerlich Engel sind, wie Mariechen Kimmeskamp, die überhaupt mit dieser Person, abgesehen von den Flügeln, eine überraschende Ähnlichkeit hat und die mich damals in so gemeiner Weise – – doch das tut hier nichts zur Sache. – Sehen Sie diese Gemüseranken, diese Fahnen, Bänder, Engelchen, Schwerter und Adler, sie sind zum Abbrechen natürlich und müßten, in Marzipan gebacken, einen feenhaften Anblick machen. Dieses Denkmal, auf Räder gesetzt und mit Dampfantrieb versehen, würde, an die Spitze unserer tapferen Reichswehr gestellt, jedes feindliche Heer in die Flucht schlagen. Ich stelle diese glänzende Idee dem Vaterlande für unsern demnächstigen Krieg und das bescheidene Honorar von einer Million Mark in Gold zur Verfügung. –

Prall umspannt die Uniform den grandiosen Bauch des großen Staatsmannes auf dem fünfzig Schritt entfernten Bismarckdenkmal. Dieser Elefant an Klugheit und Genialität hat hier einen Anfall von Elephantiasis. Aber es steht ihm nicht schlecht. Wie die bewasserstiefelten Beine breitsohlig auf dem Sockel lasten, wie die mächtige Faust den Säbel umspannt, wie das martialische Doppelkinn gewaltig hervorquillt, wie der Helm mit der abschraubbaren Spitze kühn in das Genick gerückt ist! – Das ist überwältigend, das ist ergreifend schön, die vollendetste Darstellung eines gut durch den Winter gekommenen Kürassierfeldwebels. Unten am Sockel sitzt auf der einen Seite ein römischer Schwergewichtsstemmer mit einem Brotmesser, auf der andern eine mächtig befleischte, anscheinend trächtige Dame aus den mittleren Volksschichten. Ein Denkmal der robusten Kraft, der erstaunlichen Lebendgewichte, des donnernd auf den Tisch Schlagens; ein schönes Denkmal, ein nachdenkliches Denkmal. – –

Dieses im Baustil interessant gemischte Gebäude ist die Kunsthalle, das Bilderladengeschäft der Düsseldorfer Künstlerschaft und das ewige Provisorium der städtischen Kunstsammlungen, auf deren hervorragendstes Gemälde man das schöne Lied gedichtet hat:

»Das schönste Bild in unserer Galerie,
Das ist der Angelo Jank,
Es lebe hoch die Kavall'rie,
Ich sch... was auf Cezank!«

Ihr, wie der weiter oberhalb liegenden Kunstakademie werde ich ein besonderes Kapitel widmen. –

Wir gehen zurück und betreten, am Kaiser-Wilhelm-Denkmal abschwenkend, die Bolkerstraße. Hier meine Herrschaften, in diesem Hause, dem die unten befindliche Schweinemetzgerei und die oben in die Fenster zum Ausdünsten gelegten rotkarierten Federbetten ein so weihevolles Gepräge geben, wurde Heinrich Heine geboren. Ich bin glücklich, Ihnen die kleine Bronzetafel mit seinem Reliefbildnis und dem erhaben gegossenen »Die Stadt Düsseldorf ist eine ...« usw, dort unter dem Fenster des ersten Stocks zeigen zu können. Denn beinahe wäre sie zu einer Batterie schwerer Kanonen umgeschmolzen worden. Die metallene Not unseres lieben Vaterlandes rief auch das von jeher patriotische Düsseldorf auf den Plan. Nachdem man alle Türklinken, Ofenbeschläge und Kochgeschirre verkanoniert hatte, nachdem von allen Kirchtürmen nur noch der melodische Klang von Blechglocken die andächtige und fromme Bürgerschaft zum Sieges-, Dank- und Bittgottesdienst rief, ging man freudigen Mutes zu den Denkmälern über und fand nach langen Beratungen, mit Recht, wie Sie zugeben werden, daß diese fünfzig Zentimeter hohe, dreißig Zentimeter breite und zwei Zentimeter starke Bronzetafel ein ganz riesenhaftes Metallgewicht haben müsse. Und daß sie zusammen mit dem bronzenen Hirsch an der Jägerhofstraße, den die beliebte antijüdische »Wahrheit« in Berlin durch ein kleines, aber natürliches Versehen für einen jüdischen Düsseldorfer Bürger hielt, als die einzigen nichtpatriotischen Kunstwerke Düsseldorfs diesem patriotischen Zweck zugeführt werden müßten. Leider vernichtete die Revolution, wie so viele guten Pläne, auch diesen Plan; der Hirsch blieb stehen, und es war Heinrich Heine nicht vergönnt, in Gestalt von Granaten den Franzosen die Kaldaunen aus den

26

Leibern zu schießen. – Worauf böse Menschen das folgende Lied verbreiteten:

Hirsch und Heine sind gerettet,
Alle Wogen sind geglättet,
Düsseldorf wird aufgestöbert,
Düsseldorf wird ausgeroebert,
Gebhardt, Achen-Clarenbach,
Ach!? – – – – – – –

Wie ich Ihnen schon auf dem Grafenberg sagte, ist Düsseldorf klug genug gewesen, Heinrich Heine kein Denkmal zu setzen. Immerhin hat man es nicht verhindern können, daß dumme Idealisten – Idealisten sind immer dumm – seine Marmorbüste in dieser seinem Geburtshaus gegenüberliegenden Wirtschaft aufstellten. Mit spöttischem Gesicht schaut er aus seiner Ecke auf die guten Düsseldorfer Bürger, die hier bei Dünnbier und Mainzer Käschen an den gescheuerten Tischen sitzen; wie Weihrauch steigt der würzige Duft von Tabakersatz und Buchenlaubzigarren zu ihm empor, schon verliert sich die schneeige Weiße seines Kopfes, schon bräunen sich Nase und Wangen, bald wird er die Farbe der Lebendigen haben, und eines Tages wird er den Mund auftun und sprechen: »Vielgeliebte Mitbürger! Fürchtet euch nicht, ich bin es. Der Doktor Heinrich Heine, der dort drüben geboren wurde. – Allnächtlich wandelt mein Geist durch eure dunklen Straßen und sucht nach verwandten Seelen. Aber eure Geister sind dünn gesäet und so winzig klein und meine Lorgnette liegt mit meinen anderen irdischen Überresten auf dem Montmartre-Friedhof zu Paris. Einzig mit eurem Kurfürsten Jan Wellm habe ich einigen Verkehr. In der Sakristei eurer Andreas-Kirche liegt er in einem schwarzen Sarge, und wenn ich hier tagsüber eure Gespräche gehört habe, verlangt es mich, nachts den Worten eines vernünftigen

Geistes zu lauschen. Dann trete ich an den Sarg, hebe den Deckel in die Höhe und tippe ihm auf die Schulter. ›Ew. Durchlaucht‹, flüstere ich, ›Ew. Durchlaucht, kommen Sie, die Düsseldorfer schlafen!‹ – – ›Ach‹, sagt er und gähnt, ›Sie sind es! Ich dachte schon, einer von den lausigen Anstreichern könnte mal wieder meinen Deckel nicht liegen lassen. Vorige Woche haben so ein paar Kerle hier herumgestöbert, wußten nichts Besseres zu tun, als mich hier bloßzulegen. Liefen schreiend davon und brüllten: ›Mer han der Jan Wellm jesehen!‹ Und ließen mich hier offen liegen. Nur gut, daß die Zeit der Erkältungen für mich vorüber ist. Grâce à Dieu! – – – Die Düsseldorfer schlafen! – Hehe, gut, daß Sie's mir sagen; würde es auch sonst nicht merken! –‹ Und ich helfe

ihm ehrerbietig aus seinem Sarge und wir gehen durch die menschenleeren Straßen und über die Plätze, bleiben hier, bleiben dort stehen und haben das interessanteste Zwiegespräch. – ›Wissen Sie, Dottore‹, sagt Se. Durchlaucht, ›das ist eines der traurigsten Kapitel. – Sehen Sie sich nur dieses Zeug an. Meine schöne Gemäldesammlung haben sie sich wegnehmen lassen und nun hängen sie solche Orridezza auf! Wenn die dummen Kerle wenigstens die Sammlung Nemes behalten hätten. Oh, das waren schöne Bilder, erinnern Sie sich, wir haben damals oft davorgestanden!‹ – – ›Ew. Durchlaucht‹, sage ich, ›was ist der Mensch? – Er könnte für zwei Groschen meine Gedichte lesen, aber er kauft sich für drei Mark die Vaterlandslieder des Max Bewer; er könnte die schönsten Rembrandts, Rubens und Velasquez haben, aber er kauft sich Clarenbäche und Neuhäuser; er könnte ein Denkmal Ihres ergebenen Dieners haben, aber er hat eine Ludendorffstraße; er könnte –‹ – – ›Traurig, sehr traurig‹, seufzt Se. Durchlaucht und nestelt nervös an seinem verblichenen Gilet, ›das sind nun meine lieben Düsseldorfer. Aber es liegt alles an der Erziehung. Warum wirft das Volk diese – –‹ – ›Pst‹, flüstere ich, ›nicht so laut! – die Zeitungsschreiber spionieren überall herum, selbst Privatbriefe sind nicht sicher vor ihnen und – – – – – ‹‹« Hier unterbricht ihn ein lautes Toben. Angeführt von einem Journalisten, schwingen die betrunkenen Bürger ihre Biergläser und springen wütend auf, bis der Hausknecht dem Tumult ein Ende macht und die lieben Herren in die Gosse wirft, wo sie der Pressemann als Hausherr empfängt. Spöttisch lächelnd schließt Heinrich Heine seinen marmornen Mund. –
Wir gehen weiter. Hier ist der Marktplatz. Unter ihren großen Schirmen sitzen umfangreiche Bauersfrauen, wärmen sich Hände und Magen am dampfenden Kaffeetopf und mischen den »Hungerleidern« nicht zu wenig

schlechte Pflaumen unter die guten. Es stinkt nach faulen Fischen und Zwiebeln und der Jan Wellm auf seinem Brabanter Hengst schnuffelt indigniert mit seiner Kartoffelnase. –

Dieses alte, spinnwebige Gebäude ist das Rathaus. Es ist nicht schön, das Rathaus, aber wenn man die Wandbilder im großen Sitzungssaal gesehen hat, sieht man es sich doch wieder gerne von außen an. Jener Teil des Rathauses war früher das Theater, in dem der Herr Rat Immermann die guten Düsseldorfer mit den Werken der klassischen Literatur bekanntmachen wollte. Zwar ist ihm das nicht gelungen, – die Düsseldorfer sahen schon damals lieber Seiltänzer, dressierte Affen und sonstige einheimische Künstemacher und interessierten sich nicht für Lessing und Shakespeare, – aber Theater wird hier noch immer gemacht und unsere Stadtverordneten sorgen dafür, daß Trauerspiele und Komödien sich in gehöriger Weise ablösen. – Wir gehen über den Karlplatz, so genannt nach Karl Schmitz, der hier vor ungefähr 200 Jahren wegen seiner eigenen Meinung geviertelt wurde, und betreten die Kasernenstraße, so genannt nach den herrlichen Gebäuden, die hier in den letzten 20 Jahren errichtet wurden. – Dieses merkwürdige Gebäude hier, von vorne Louis XV., von hinten König Artur, halb Menuett, halb Minnesang, ist das Schauspielhaus, das Schreckgespenst der guten Düsseldorfer, berüchtigt durch seine modernen Aufführungen, verflucht von töchterreichen Müttern und frommen Vätern. Die Düsseldorfer Schmuggelzentrale für ††† Ibsen, ††† Strindberg, ††† Wedekind und sonstige ††† unsittliche Dichter, das Eldorado des hundertmal verfluchten Expressionismus à tout prix, der kommunistischen Liebäugelei. Der Sitz jener verruchten Direktion Dumont-Lindemann, die anders will wie Peter Schmitz und Fritze Hubbelrath, die die Liebenswürdigkeit der guten Journalisten mit knallenden Ohrfeigen beantwortet und deren Akten

30

früher mal bei der Düsseldorfer Regierung unter der Rubrik »Bordelle« zu finden waren. – Dem Schauspielhaus gegenüber liegt natürlich die Synagoge, in der bekanntlich die armen Christenkinder geschlachtet und zu Schalet verbacken werden. Ich sehe, meine verehrten Damen, wie sich Ihre Gänsehaut schaudernd zusammenzieht, aber glauben Sie nicht, daß ich scherze; es ist mein ernstester Ernst und ich weiß es ganz genau, denn auch ich bin im »Deutschvölkischen Schutz- und Trutzbund« und trage mein Hakenkreuz so gut auf dem Schlips wie nur irgendein Patriot. Die Juden haben mir 100 000 Mark geboten, damit diese Tatsache nicht bekannt würde; sie befürchten, daß man ihnen das Fangen der Christenkinder zu schwer machen würde. Aber ich habe das Sündengeld abgelehnt und schreie es laut hinaus: Die Synagoge sieht aus wie eine Räuberhöhle, aus ihren Fugen stinkt der Knoblauchdunst hundert Kilometer gegen den treudeutschen Wind und in ihrem Innern waten jüdische Kommerzienräte bis zur Vorhaut in Christenkinderblut. Und ich füge hinzu: Alles kommt nur von der jüdischen Geschäftskonkurrenz, und wenn es keine Juden gäbe, hätten wir den Krieg bestimmt gewonnen und die Düsseldorfer Geschäftemacher könnten die lieben Bürger allein anschmieren. – – –

Über den Graf-Adolf-Platz erreichen wir die Graf-Adolf-Straße. Die Graf-Adolf-Straße bietet alles das, was man in der Königsallee haben kann, zu herabgesetzten Preisen an. Statt Henny Porten: Fern Andra, statt Ölgemälde: polychromierte Heilige, statt Bücher in Pappdeckel und Schweinsleder: Courths-Mahler und Borngräber, statt »Düsseldorfer Nachrichten« die »Düsseldorfer Zeitung«, statt Kastanienbäume: Pferdeäpfel, statt Stadtgraben: Gossenwasser und statt Damen aus der Kaiser-Wilhelm- und Rethelstraße solche aus der Neustraße. – Jenes merkwürdige Gebäude in der Art zu Stein gewordener

Mainzer Käschen und mit dem Eingang wie zu einem Bierkeller ist die Handelskammer, für Nicht-Düsseldorfer kurz und großartig »Düsseldorfer Börse« genannt. – Am Ende der Graf-Adolf-Straße liegt der Hauptbahnhof. Es ist ein schönes Gebäude und sieht aus wie eine verunglückte Markthalle. Es ist der Treff- und Sammelpunkt der Düsseldorfer Großkaufleute, kurz »Schieberbörse« genannt, und wird gerne als Schuttabladestelle gebraucht. Von hier aus gingen seinerzeit zwei Regimenter unserer braven Reichswehr gegen dreieinhalb Spartakisten vor, wobei sie versehentlich den Stadtteil Oberbilk zusammenschossen. Von hier aus kann man nach Berlin, Hamburg, München, Köln und Unterrath fahren, und wenn die Regierung sie zu bauen erlaubt hätte, könnte man von hier aus sogar, zum Ärger der Kölner, die Schnellbahn Düsseldorf-Dortmund benutzen. Rund um den Bahnhofsvorplatz hat man vor 20 Jahren die großen Hotels gebaut, gleichsam die Visitenkarte der Kunst- und Gartenstadt, in denen der erstaunte Reisende sich von den Strapazen eines Düsseldorfer Besuchs für gutes Geld pflegen lassen und erholen kann. – – – –
Am Worringerplatz, mit einem Bedürfnishäuschen aus grünen und einem Wartehäuschen aus gelben Blendsteinen, vorbei, ersteres mit einer Wasserstandsuhr, letzteres mit einer Normaluhr geschmückt, über die Grafenberger Brücke, mit dem Blick auf den Derendorfer Bahnhof in Gestalt einer hölzernen Notkirche, kommen wir zur Rethelstraße. In der Rethelstraße liegt das Rethelgymnasium, in welchem jungen Herren die Geheimnisse der Wissenschaft, und der Salon der Madame Pohlmann, in welchem jungen Damen die Geheimnisse der Liebe beigebracht werden. – –
Und hier noch: Der Jägerhof, ein hübsches, altes Barockschlößchen mit einem modernen Gitter. Früher sah es noch besser aus, als das Gitter noch nicht da war und die geschweiften Seitenflügel links und rechts noch standen.

Leider hat man vor einigen Jahren diese beiden Seitenflügel, – wie bei allem, was in Düsseldorf Flügel hat –
abgerissen. – – – –

4. Ein Deutscher auf Elefantenjagd in Spanien

Am nächsten Morgen traf ich alle Vorbereitungen für die Elefantenjagd, seifte meinen Lasso ein und schärfte an der Fensterbank mein Buschmesser. Ließ mir auch vom Wirt etwas Brot, kalten Braten und eine Flasche Rotwein geben. – Es schlug vom Turm der Stierkampfzirkuskapelle gerade neun Uhr, als ich, von vielen neugierigen Blicken begleitet, über die neue Brücke schritt, die alte Stadt durchquerte, die Katzenhöhle links liegen ließ und den Urwald betrat. – –
Mehrere halbwüchsige Jungens, die wahrscheinlich ohne Wissen ihrer besorgten Eltern versuchten, mir zu folgen, ließen sich erst nach vielen vergeblichen Versuchen, sie abzuschütteln, dazu bewegen, umzukehren. Sie hätten unter Umständen die ganze Jagd in Frage stellen können, denn nicht nur, daß ich hätte umkehren müssen – ich konnte doch die Verantwortung für ihr Leben bei den vielen Gefahren des Urwaldes nicht tragen –, sie hätten mit ihrem Geschwätz die Elefanten auch ganz bestimmt verscheucht. – –
Es galt nun, einen geschickten Kriegsplan auszuarbeiten. Erst dachte ich daran, auf einen Baum zu klettern, um, wenn die Elefanten unten vorbeikämen, meinen Lasso von oben über sie zu schmeißen. Aber ich erinnerte mich der Schilderung des Herrn Karl May und sah deshalb von diesem Plan ab. Zudem war es ja auch fraglich, ob die Elefanten gerade hier vorbeikommen würden. Ich beschloß nach einigem Überlegen, mich durch den Urwald zu schlagen und die Elefanten in ihrem Lager aufzusuchen. –
Das Messer zwischen die Zähne geklemmt – es ist gar nicht so leicht, kriechen Sie mal unter das Sofa mit einem Brotmesser zwischen den Zähnen – , den Lasso entsichert in der Hand, kroch ich behutsam vorwärts, über umgestürzte Baumstämme hinweg und unter Farren und

34

Untergehölz hindurch. Wie beschwerlich ist es, mit einem Lasso in der Hand durch einen Urwald zu kriechen, besonders wenn man während der Nacht nicht geschlafen hat! Man kommt nur langsam vorwärts, weil sich der Lasso überall festhakt, durcheinandergerät, sich einem um die Beine wickelt und beständig neu zurechtgelegt werden muß. Dabei ist es heiß und aufgescheuchte Moskitos und Stechfliegen fallen wütend über einen her. – Trotzdem ist es ein Vergnügen und man vergißt alle Plagen, wenn dann plötzlich zwischen den Bäumen die grauen Leiber der Ungetüme bis über die Wipfel hervorlugen, der surrende Lasso sie in seine tödlichen Umschlingungen verwickelt, wenn sie ängstlich auf dem Rücken liegen und mit den zappelnden Beinen nach Luft schnappen, und wenn man, mit abgeschnalltem Vorhemdchen und sich den Schweiß abwischend, auf den noch warmen Kadavern sitzt, um sich für die Sonntagsbeilage des »Pforzkirchener Echo« photographieren zu lassen. – –

Ich untersuchte nach Art der Hai–Wai–Indianer sorgfältig den Weg nach Elefantenabfall und konnte nur mühsam einen freudigen Jodler unterdrücken, als ich ihn reichlich in der bekannten Form spinatgrüner Pillen verstreut fand. Mit neuem Mut kroch ich vorwärts, darauf gefaßt, jeden Augenblick die gewaltigen Ungeheuer auftauchen zu sehen. – –

Es war eine unheimliche Stille, und ich würde lügen, wenn ich sagte, daß mein Herz, je näher ich den Elefanten kam, nicht geklopft hätte. Allein in einem dichten Wald mit gespenstisch aussehenden Baumformen, jeden Augenblick gewärtig, von einem blutdürstigen Ungeheuer hinterrücks angefallen zu werden, zusammenschreckend vor dem unvermuteten Knacken eines Ästchens, hatte ich gar keine Angst, aber doch ein gewisses unbehagliches Gefühl, welches sich durch starke Schweißabsonderung äußerte und mich zwang – – – ,

ich erholte mich rasch und unter möglichster Vermei-
dung unnötigen Geräusches hinter einem dicken Oli-
venbaum und kroch, wesentlich erleichtert und mit fri-
schem Mut weiter. – –

Ich war noch keine zehn Meter vorwärtsgekrochen und
untersuchte gerade eine von den spinatgrünen Pillen auf
ihre Daseinsdauer, als ich in kurzer Entfernung vor mir
ein rasselndes Atemgeräusch vernahm. Mein Herz stand
still und wie eine Bildsäule blieb ich mit angehaltenem
Atem in einer höchst unbequemen Haltung liegen. Da
vor mir war ein Elefant, vielleicht sogar eine ganze
Herde. –

Wer noch nicht auf Elefanten gejagt und sie nur hinter
Gitterstäben im Zoologischen Garten gesehen hat, kann
sich unmöglich vorstellen, wie mir zumute war. In der
nächsten Minute würde ich mich im Kampf mit dieser
Bestie befinden, vielleicht mit mehreren von ihnen; Bes-
tien, die höchstwahrscheinlich weder Orgel spielten
noch mit drei Beinen auf einer rotgestreiften Tonne
standen, um von mir für ihren Wärter einige Centesimos
zu bekommen, wie der in Sevilla. Die bestimmt ganz andere Dinge im Kopf hatten, wenn sie meiner ansichtig
würden. – Hier war äußerste Vorsicht am Platz, wollte
ich mich nicht nach einigen höchst unnötigen Luft-
durchschneidungen als formloser Haufen wiederfin-
den. –

Lautlos und Deckung suchend hob ich vorsichtig den
Kopf – – – drei Meter vor mir lag eine runde, graue
Masse, zum Teil verdeckt durch Blätter und Äste der
zwischen mir und dem Elefanten – denn es war ein Elefant, daran war nicht zu zweifeln – wachsenden Bäume
und Sträucher. Nach dem rasselnden Geräusch zu urtei-
len schlief das Tier, ich konnte also keine günstigere Gelegenheit finden, den Kampf aufzunehmen, es vielleicht
sogar lebend zu fangen. – –

36

Ich legte mit aufgeregten Händen den Lasso zurecht, richtete mich zu halber Höhe auf, schwang das Ende mit der Schlinge einige Male um den Kopf und ließ den Lasso fliegen. – – Ssst – machte er, einige grüne Blätter flogen durch die Luft, es knallte klatschend und – – – – – – –

»Sacré nom de Dieu!« schrie eine wütende Stimme. Ich sprang erschreckt nach vorwärts – – neben einer Bank – ich hätte bei einer weniger aufregenden Gelegenheit wahrscheinlich darüber gestaunt, hier in dieser Wildnis eine Bank, eine richtige, grünangestrichene Bank aus Eisen zu finden – lag ein großer grauer Sonnenschirm und ein wütender Herr mit einem krebsroten Gesicht und einer Botanisiertrommel an der Seite, hielt sich das recht Auge zu und stürzte sich, als er mich zwischen den Bäumen auftauchen sah, mit einem höchst unvornehmen Gebrüll auf mich. – Ich prallte entsetzt zurück, blieb an einer Wurzel hängen und fiel rücklings in einen mit scharfen Nadeln dicht besetzten großen Kaktus – – – .
Es war ein roher Mensch, dessen Inneres ein Musterlager der gemeinsten französischen Schimpfworte zu sein schien. Bei jedem Schlag drangen die glasharten Kaktushärchen tiefer in mich hinein und er hörte erst auf, als er mehrere zum Glück ziemlich morsche Knüppel auf mir zerschlagen hatte. – – – –
Sie lachen, gnädige Frau!? – Nun, es mag sein, daß man über mein Pech lachen kann, wenn man selbst noch nicht in einem blühenden Kaktus gelegen hat – Es war eben ein unglücklicher Zufall! Es hätte gerade so gut ein Elefant sein können und Sie würden mich bewundern, wo Sie jetzt lachen, wenn mein Lasso anstatt das Auge des unter seinem Schirm schnarchenden Herrn einen Elefantenbullen tödlich getroffen hätte. – Es wäre eine Kleinigkeit gewesen, meine späteren großen Erfolge auf Elefantenjagden schon nach Ronda zu verlegen – aber

warum sollte ich lügen? Sie werden noch früh genug sehen, daß ich den Lasso auch zu schmeißen verstehe und
sogar besser, wenn wirkliche Elefanten und nicht wütende französische Herren mit Botanisiertrommeln im
Wege stehen. – –

5. Deutsche Sommerfrische

Frau Winter hatte mit meiner Frau auf der Damentoilette Bekanntschaft geschlossen. Ich sagte Lisbeth, daß ich hoffe, die Örtlichkeit habe sie nicht wieder dazu verleitet, wie das ihre Art sei, gleich in den ersten fünf Minuten intim zu werden.

»Gott ja« erwiderte sie, »du weißt doch, Frauen untereinander müssen sich immer etwas ›aus dem Nähkörbchen‹ erzählen. Aber ich habe mich sehr zurückgehalten. Winters haben auch keine Kinder, und sie meint, es liege das wohl an ihrem Manne. Ich sagte: genau wie bei uns.«

»Erlaube mal«, fuhr ich auf, »und das nennst du dich zurückhalten!? Abgesehen davon, daß diese immer wieder von dir vorgebrachte, durch nichts bewiesene Behauptung – «

»Liegt es vielleicht an mir?«

»Das weiß ich nicht!«

»Na also, dann schweige auch besser! – Ich habe sie gefragt, weshalb sie sich nicht an unseren Tisch – « –

»Natürlich! Damit sie genau wissen, daß wir ohne sie gar nicht – – «

»Rede doch nicht immer so dummes Zeug! Man will doch wissen, woran man mit den Leuten ist und wenn es aus Einbildung ist, damit man ihnen eins stecken kann. Aber es ist nicht aus Einbildung. Er, Winter, sagte sie, ist so oft von den Menschen betrogen worden, mit seinen Erfindungen, daß er nun ganz menschenscheu und schüchtern ist. Außerdem, sagt sie, bildet er sich ein, Magenkrebs zu haben, weil eine Tante von ihm daran gestorben ist, aber sie sagt, er hätte nicht die Spur von Magenkrebs. Wie findest du das?«

»Wie soll ich das finden?«

»Ich finde, er scheint ziemlich verrückt zu sein und die arme Frau tut mir leid!«

»Dir tun immer die armen Frauen leid!«

»Jawohl, weil ich als verheiratete Frau am besten weiß, was das heißt!«

»Wenn das so ist« sagte Herr Petermann beim Abendessen, »kann man ihm doch entgegenkommen.« Schwenkte sein Glas in die Richtung des Ehepaares und rief »Prost!«
Während Frau Winter freundlich zurücknickte, nahm er wie vordem keine Notiz und ließ sich erst bewegen, mißmutig eine knappe Verbeugung zu machen, nachdem sie ihn angestoßen hatte.
»Sehen Sie« triumphierte der Professor, »das wußte ich! Rüpelhaft und ungebildet, so ist die ganze Rasse. Aber rufen sie nur: hier sind billig alte Kleider zu verkaufen, Sie sollen mal sehen, wie der Jude springen kann!«

Doch Herr Petermann glaubte, es sei vielleicht wirklich nur Schüchternheit.

»Ich selbst kenne natürlich sowas nicht und verstehe gar nicht, wie ein Mensch überhaupt schüchtern sein kann. Aber es gibt doch solche. Als ich im Osten lag, hatten wir einen Leutnant, der ließ sich, wenn dicke Luft war, nie vorne blicken. Die Kameraden alle sagten natürlich, er ist feige und verkriecht sich, wo wir uns die Knochen kaputtschießen lassen müssen. Aber, Herr Professor, das war bestimmt nicht an dem – – «

»Natürlich nicht!«

»Denn als ich später auf Schreibstube kam, lernte ich ihn näher kennen und, was meinen Sie, es war wirklich bloß Schüchternheit von ihm!«

»Wir haben viel so schüchterne Offiziere gehabt!« bemerkte ich.

Kämmerling sah mich wütend an, »Soll das vielleicht heißen – ?«

Man merke, daß ich nicht Soldat gewesen sei, sagte Petermann. Denn unsere Offiziere und schüchtern, das könne man verdammt nicht sagen. Der Leutnant sei eben eine ganz große Ausnahme gewesen, immer mit ›Bitte‹ und ›Danke‹ zu dem gewöhnlichsten Muskoten. Aber sonst: du Schwein, ich haue dich in die Fresse, und so. Nein, schüchtern seien unsere Offiziere verdammt nicht gewesen. Wo wäre man auch sonst im Kriege hingekommen. – »Wissen Sie was, ich werde ihn auffordern, sich mit an unseren Tisch zu setzen!«

Es stäche ihm nur die aufgetakelte Person in die Nase, warf Frau Petermann spitz dazwischen.

Mit seiner Zustimmung geschehe das nicht, bemerkte Kämmerling, denn er habe – Gott sei Dank! – Grundsätze und setze sich nun einmal prinzipiell mit keinem Juden an einen Tisch.

»Aber, Herr Professor, was haben wir davon, wenn er dort in der Ecke sitzen bleibt? Gar nichts! Haben wir ihn aber hier und er ist einer, können wir ihn ordentlich hochnehmen!«

Steuerte quer durch den Saal, stellte sich vor »Louis Petermann aus Hannover ist mein Name!« und lud das Ehepaar ein, bei uns doch Platz zu nehmen. »Wir Landsleute müssen zusammenhalten, nicht wahr, Einigkeit macht stark! Und überhaupt.«

Herr Winter schien die Aufforderung als durchaus ihm unangenehm zu empfinden, folgte aber endlich langsam und mit immer demselben mißmutigen Gesichtsausdruck seiner Gattin, die, offenbar erfreut, zu uns herüberkam, und stellte sich reihum vor.

»Professor Dr. Kämmerling, Antisemit!« knurrte Kämmerling, ohne sich von seinem Sitz zu erheben.

»Antisemit!« lachte Frau Winter, »Ist das ein Beruf?« Und wandte sich an ihren Gatten, »Wie komisch, nicht?«

»Wenn ich die Gattin Ihres Gatten wäre, gnädige Frau, würde ich das vielleicht auch komisch finden« grunzte der Professor unfreundlich, »aber da ich Professor Dr. Kämmerling bin – – «

Der Erfinder blickte Kämmerling aus halbgeschlossenen, müden Augen an, »Mir scheint, es ist Ihnen unangenehm, daß ich hier sitze. Darf ich fragen, weshalb man uns dann an diesen Tisch gebeten hat. Ich habe mich, wie Sie wohl bemerkt haben werden, nicht dazu gedrängelt.« Und erhob sich. »Aber rege dich doch nicht auf, Schatz!« bat Frau Winter.

»Herr, ich bin Antisemit!« rief der Professor und wiederholte zweimal, »Antisemit, verstehen Sie, Antisemit!«

»Nun schön, ich bin keiner!«

Kämmerling lachte auf, »das kann ich mir freilich denken!«

»Das ehrt mich!« und trat vom Tische weg. »Meine Erfahrungen geben mir keinen Grund, Antisemit zu sein; meine Erfahrungen – – «

»Ein Jude hat keinen Grund, Antisemit zu sein, allerdings nicht!« hohnlachte der Professor.

»Jude!? – Ah, ich verstehe, Sie halten mich für einen Juden!? Darf ich vielleicht fragen – – «

»Herr, Ihr Name und Ihre Nasenflügel verraten Sie!«

»Mein Name und – – « und faßte sich an die Nase, »ich heißt Winter, ganz schlicht Winter. Was hat – – und meine Nasenflü – –!?«

»Schatz, du bist erkannt!« schrie Frau Winter und wollte sich in Lachen ausschütten. »Herr Professor, mein Mann ist stockkatholisch!«

Kämmerling erhob sich, mit rotem Kopf. Das ändere natürlich die Sachlage und er bitte Herrn Winter, doch wieder Platz zu nehmen, und man müsse bei dem Elend, unter dem das geliebte Vaterland durch die Juden schmachte –

»Halten Sie das für so schlimm?« fragte Winter. Nach seinen Erfahrungen könne er diese Ansicht keineswegs teilen, er sei gerade mit Juden immer am besten noch zurechtgekommen.

Das könne ihm zum Glück nicht passieren, weil er mit Juden nie zusammenkomme, lehnte Kämmerling ab.

»Dann, pardon, können Sie sie auch nicht beurteilen!«

»Oho! Werter Herr, man muß sie historisch, man muß sie politisch sehen!«

Er beurteile sie nur nach ihren menschlichen Werten, erwiderte der Erfinder, was Kämmerling ein ironisches Lachen entlockte. »Zugegeben, sie sind auf ihren Vorteil einzig bedacht – doch wer wäre das nicht! – sie sind Kaufleute und immer am liebsten Großverdiener – das wäre wohl jeder gern, wenn er könnte! –, aber jedenfalls, eines ordentlichen Juden – von dem Geschmeiß, das es auf jeder Seite gibt, rede ich nicht – eines ordentlichen Juden Wort gilt!«

»Ja, Gnade Gott unserem armen Volke, es gilt leider zu
viel!«

»Ich bin Erfinder« fuhr Winter lebhafter fort, »ich bin
auf Grund meiner Entdeckungen mit den Leitern unserer größten Industrien zusammengekommen, ich könnte
Ihnen Werke und Namen nennen, die jedem Deutschen
geläufig sind – – sie alle, diese Generaldirektoren, diese
Betriebsleiter, waren einzig darauf aus, mich zu besteh-
len!«

»Wie unfein!« schüttelte Frau Professor Dr. Kämmerling
den Kopf.

»Unfein!? – Nun ja, man kann es auch ›unfein‹ nennen. Jedenfalls, das waren alles keine Juden, Herr Professor Doktor Kämmerling, das waren sogenannte Christen, die hochangesehenen Führer unserer Großindustrie – – Spitzbuben allesamt!«

Herr Petermann fragte seine Frau, ob er das nicht immer auch schon gesagt hätte.

»Es wäre zuerst einmal festzustellen« sagte Kämmerling und trommelte dabei erregt auf den Tisch, »welcher Art Ihre Erfindungen sind!«

Über seine Erfindungen konnte Herr Winter nichts mitteilen.

»Das dachte ich mir! Ich hatte erst gestern Gelegenheit, hier meine Meinung über Erfinder zu sagen. Ohne Ihnen zu nahe treten zu wollen, möchte ich doch sagen, daß Erfinder fast ohne Ausnahme nicht verstandesgemäß – – «

»Verstand allein ist gar nichts!« warf Winter ein.

»Aha – – ja, das ist so die Meinung aller geistig Minderbemittelten. Die Phantasie ist alles, nicht wahr, die Phantasie! Ich sage Ihnen – und als alter Schulmann muß ich das wohl wissen – Phantasie ist eines der menschlichen Erbübel. Die schlechtesten Schüler sind fast immer Phantasten, stieren in die Luft – phantasieren, hä – und waren weiß Gott wo, wenn man sie nach den einfachsten Dingen fragt. – Schmitz oder Müller, wie heißt der pythagoreische Lehrsatz? – Ja, sehen Sie, da steht der Lümmel wie aus allen Wolken gefallen. Er wird, mein werter Herr Erfinder, wohl später ein Erfinder, aber ein brauchbarer Mensch, das wird er nie!«

Herr Winter zuckte die Achseln und schwieg.

»Sie nennen« fuhr Kämmerling fort, »unsere großen Führer der Industrie, also die Leute, mit deren Existenz das Vaterland steht und fällt – ehem – Spitzbuben. Sie sind ein Erfinder – ich frage Sie: ist das vielleicht nicht

Ihre größte Erfindung!? Sie bilden sich doch zum Beispiel auch ein, krank zu sein – – « –
Herr Winter fuhr auf, »Wer hat das erzählt?« und sah seine Frau vorwurfsvoll an. »Allerdings bin ich krank, sehr krank sogar. Aber was hat das mit meinen Erfahrungen zu tun? Ich bilde mir durchaus nichts ein, das behauptet nur meine Frau, – ich – ich habe Magenkrebs!«
»Magenkrebs!?« schrie Frau Petermann und sprang auf, »und da setzen Sie sich an unseren Tisch!?«
»Es ist nicht ansteckend!« beruhigte sie der Erfinder. »Jawohl, Magenkrebs. Die Ärzte zwar behaupten, es sei gar nichts; doch, Gott, die Ärzte – –!«
»Sehr richtig!« bestätigte Petermann.
»Ich weiß es jedenfalls besser und nehme einen Magenkrebs unbedingt für mich in Anspruch. Denn meine – Verzeihung! – meine Winde riechen genau wie die meiner Tante, die am Magenkrebs gestorben ist!«

II. Deutsche Helden*

1. Heldenschau

Der Verfasser findet, daß er mit seinen beiden adligen Helden so hereingefallen ist (und der Leser mit ihm), daß ihm niemand mehr zumuten kann, sich noch einmal mit einem Vertreter dieser ebenso beliebten wie verehrungswürdigen, aber unzuverlässigen Gesellschaftsklasse herumzuschlagen. Zwar weiß er, daß er manches Erhebende aufgeben muß, wenn er die Spitzen der Menschheit verläßt, um in die Gott ferneren Gründe gewöhnlicher Sterblichen hinunterzusteigen, daß mit jedem Schritt das Barometer des hochherrschaftlichen Umgangstones, der Eleganz und des Geistes sinkt – – aber der Verfasser muß nun endlich, wenigstens in diesem dritten Buche einen Helden finden (koste es, was es wolle!), der ihn und noch mehr seine Leser befriedigt. Ja, koste es, was es wolle! Koste es selbst Eleganz und Geist – – – übrigens, was ist Geist? – – – Braucht man überhaupt Geist? – – – Irrt der Verfasser nicht, wenn er glaubt, daß Geist ein notwendiges Ingredienz zu einem guten Buche sei? – Sind nicht unsere meistgelesensten Romane frei von jedem Geist? – Weiß er nicht, daß Geist nur in der Bedeutung »Gespenst« beliebt ist, daß man je mehr schreiben kann, je weniger Geist man hat, glaubt er, daß unsere so beliebten Romanschreiber und -schreiberinnen in wenigen Jahren mit Stolz auf Schränke voll von ihren Erzeugnissen blicken könnten, wenn sie Geist hätten? –

---

* Die folgenden Texte sind Auszüge aus den Romanen »Das Chamäleon« (1.), »Möppi« (2./3.), »Kurukallawalla« (4.), »Beinahe Weltmeister« (5.) und »Der Fall Uzarski« (6.), die hier thematisch neu zusammengestellt werden. Die genauen Textnachweise finden sich im Kommentar am Ende des Buches.

»Diese Dame redet ungeheuer viel. Nennt man das Geist?« fragte der kleine Charles Louis Napoleon naserümpfend seine Mutter, die Königin Hortense, als Frau von Staël die jungen Prinzen mit einer Menge Fragen überschüttete. Nein, der Geist ist ganz unbeliebt, und der Verfasser tut gut daran, mit seinen adligen Helden auch den Geist aufzugeben, wenn er nicht sehr bald vor Ärger über die Unbeliebtheit seines Buches seinen Geist aufgeben will. –

Also bittet er seine Leserinnen und Leser, mit ihm einen kleinen Spaziergang zur Gewinnung eines neuen Helden durch die einzelnen Schichten unserer vaterländischen Menschheit zu machen. –

Arbeiter!? – Nein, der deutsche Arbeiter ist kein Held! – Er ist entweder Sozialdemokrat, was zu sein schon seit Jahren nichts heldenhaftes mehr ist, oder Kommunist, was, wie er sich das denkt, gleichbedeutend mit Egoist und Wohlleben ist, oder christlich-sozial – – Messengänger und Pfaffenknecht. – – Nein, mit dem deutschen Arbeiter ist es nichts! –

Künstler!? – – – Ach, der deutsche Künstler ist auch kein Held! – – Er giert nach leichtem Ruhm, das heißt, schwerem Geld auf Kosten seiner Qualität, scharwenzelt um Kritiker und Käufer herum, malt Bilder, wie Herr Schmitz und Frau Gesocks sie gern haben, und soviel sie wollen, schreibt sechs Romane im Jahr und zwei Novellen im Monat, jede Woche einen Aufsatz für die Zeitung, hält jeden zweiten Tag einen Vortrag über sich, von dem er wenig, und über andere, von denen er gar nichts Gescheites sagen kann, und dichtet alle drei Stunden ein lyrisches Gedicht. Er sehnt sich nach dem Ruheposten eines Akademieprofessors oder schreibt komische Trauerspiele und traurige Komödien, weil er weiß, daß man damit am schnellsten zu Geld, vielem Geld kommen kann. Denn das ist sein einziger Trieb. –

Juden!? – – Hm, das ist an sich schon ein gefährliches Kapitel, und wenn z.B. der Verfasser ein Jude und ein Held wäre, würde er es sich trotzdem 100x100x überlegen, sich für den Posten des gesuchten Helden vorzuschlagen. Denn in unserem lieben Vaterlande heutzutage ein Jude zu sein und das sogar offen zu bekennen, dazu gehört schon etwas mehr Mut und Selbstüberwindung, als von uns mit Recht auf unsere prachtvolle Religion stolzen Christen in fünfzig Jahren verlangt wird. Der Verfasser würde deshalb hier vielleicht ernsthafter nach einem netten und hübschen jüdischen Helden Umschau halten, wenn das irgend möglich und erlaubt wäre. Ja, schimpfen, verfluchen, verleumden, das darf man, wenn man von Juden spricht, das muß man sogar, wenn man ein Patriot sein will, – – aber einen Juden zum Helden machen!! – Das ist ganz ungereimt, ganz absurd, ein Verbrechen am nationalen Empfinden des deutschen Volkes, und der Verfasser müßte ja wohl verrückt sein, wenn er das alles außer acht lassen und seinen nur ebenso einseitigen wie zweifelhaften und dreisten Gedanken folgen wollte. –

Bürger!? – – Ja, das ist der richtige Mann für uns; aus seinen Artgenossen wollen wir uns einen Helden aussuchen. Denn er enttäuscht niemals, weil man von ihm nichts erwartet, gibt dem Kaiser, was des Kaisers, und Gott, was Gottes ist, ist fromm und tugendhaft, löckt nie wider den Stachel, hört auf seine Frau und widerspricht ihr nicht, schöpft seine Ansichten über Politik und Kunst aus seiner Zeitung, hält sich bei Revolutionen still und bescheiden zurück, ballt die Faust nur im Sack, was keinem etwas schadet, geht gerne zum Bier und zieht ein gutes Essen allen Angelegenheiten dieser Welt bei weitem vor, zeugt still und zufrieden in jedem Jahre ein Kind und stirbt endlich mit Gottvertrauen und an Altersschwäche oder Keuchhusten. –

Gibt es einen angenehmeren Menschen als den guten deutschen Bürger?! – Mag er nun ein Kaufmann, Bauunternehmer, Journalist oder Schweinezüchter, ein Rentner, Bäcker oder Lehrer sein, immer werden wir ihn gleich angenehm wie erfreulich finden. Gebt ihr ihm eine Ohrfeige (der Himmel bewahre Euch vor einer solchen Ungerechtigkeit), gottergeben und der Heiligen Schrift getreu wird er sie einstecken, wenn ihr stärker seid als er; kauft ihr bei ihm, nie wird er euch betrügen, wenn er merkt, daß ihr es merkt; sprecht ihr mit ihm über Politik, Kunst, Literatur usw (natürlich in den ihm von Gott und seinem Verstand gesetzten Grenzen), immer wird er aus Achtung und Höflichkeit eurer Meinung sein, sie sogar als seine eigene weitergeben. – Wer liebt mehr wie er die leichtgeschürzte Operette und die Schlager der Saison, wer zeigt ein größeres Interesse für die reizenden Genrebilder unserer Akademieprofessoren und volkstümlichen Maler, wer sorgt mehr für die hohen Auflagen unserer gefühlvollen Liebesromane, und wer pflegt mehr wie er die hübsche Geselligkeit in unzähligen Gesang-, Rauch-, Kegel-, Kaninchenzucht-, Athleten- und Radfahrvereinen, Immermann- und Wagnerbünden? – Wen treibt es allsonntäglich durch die schöne Natur zum nächsten Wirtshaus, wer kommt am Abend dann glücklich nach Hause, voll beladen mit Birkenbäumchen und Bier? – Er, der Bürger, der Freund der Natur, des schallenden Chorgesangs und aller geruhigen Annehmlichkeiten dieser für ihn zugeschnittenen Welt. –

Ja, nicht nur einen Helden, eine ganze Horde von Helden stellt diese ebenso erfreuliche wie überwiegende Bevölkerungsschicht, und es wird dem Verfasser nicht schwer fallen, aus ihr einen für dieses Buch Geeigneten zu finden, um so mehr, da er sich, nach dem Ausspruch eines unserer größten lebenden, ebenso beliebten wir fruchtbaren Dichters »im Kleinbürgertum am wohlsten fühlt, in dieser betulichen und umständlichen, an der Erde klebenden Menschenart.« Und da ein großer Mann natürlich in allem recht hat, läßt sich der Verfasser die freundlich-herablassende Abstempelung gerne gefallen und wird sich nach Kräften bemühen, das »betuliche Kleinbürgertum« so »behäbig« zu schildern, daß selbst sein berühmter und ihm gegenüber riesengroßer Kollege merkt, wie »wohl« sich der Verfasser bei dieser Menschenart fühlt. – – –

2. Der Schriftsteller und Journalist

Herrn Jean Krautwurst, ich will ihn mit diesem Namen nennen – offengestanden, weil mir die »Wurst« in dem Namen überaus sympathisch ist –, obwohl natürlich der andere Name seiner dichterischen Begabung weit besser entsprach, Herrn Jean Krautwurst verdanke ich, wenn auch nicht direkt, meine Bildung (was man nach menschlichen Begriffen so »Bildung« nennt), meine Belesenheit und die Kunst des Schreibens. Seine eigenen Schriften und Gedichte, eine wenn auch kleine, aber ausgewählte Bibliothek, in der neben einem vielbändigen Lexikon die größten menschlichen Geister von Pfitzkes über Rudolf Herzog bis Goethe in ausgewählten Werken vertreten waren, gaben mir Gelegenheit, mich, ohne unbescheiden zu sein, heute als einen Hund zu bezeichnen, dessen literarische Kenntnisse von einer seltenen Weitschweifigkeit sind. Natürlich war es für mich im Anfange sehr schwer, ohne jede Hilfe mich in Dinge hineinzuarbeiten, die selbst die Menschen nicht ohne Schule und Lehrer – und sogar dann noch nicht einmal – begreifen. Doch gelang es mir durch Fleiß und guten Willen und der uns Hunden ausnahmslos angeborenen Klugheit, nicht nur schreiben zu lernen, – womit ich nicht behaupten will, daß ich besonders schön schreibe, (Sehr richtig! und ebensowenig besonders gut lesbar! – D. Hrsgbr.) – sondern auch das Lexikon und die übrigen Bücher zu lesen und zu verstehen, ja sogar Qualitäts- und Werturteile über die verschiedensten Dichter und Schriftsteller abgeben zu können. –
Es darf sich deshalb niemand wundern – wenn meine Denkwürdigkeiten jemals unter die Augen irgendwelcher Leute kommen sollten – daß ich manchmal schreibe wie ein Mensch, sogar wie ein sogenannter »gebildeter« Mensch. Und wenn trotzdem jemand sagen möchte: er schimpft auf die Menschen und kopiert sie doch, so sage

ich: Jawohl, ich bin intelligent genug dazu, denn wenn ich auf meine Hundeart schreiben würde, würden Sie nicht intelligent genug sein, mich zu verstehen, und nur meinesgleichen – wenn sie wie ich lesen könnten – wären fähig, mich zu begreifen. – – –

Herrlich und angenehm im Gebrauch fand ich das Lexikon, das es ermöglicht, sich im Handumdrehen zu bilden, um eine halbe Stunde später eine bewundernde Gesellschaft merken zu lassen, daß man weiß, was eine Klitoris oder ein Lapsus Lazuli ist. Auch bewunderte ich manches gute und herrliche Buch, ich erwähne ganz besonders »Das Klosterfräulein von Mülheim an der Ruhr« von Sibilla Pferdmenges, »Alraune« von Hanns Heinz Ewers, »Der Weg der Marianne Sieweißes« von Rüdiger Armloch-Schweißblatt, »Der eiserne Weg« von Walter Bloem und viele andere – – aber ich fand doch, daß nichts über die Erzeugnisse meines neuen Herrn ging. – Jean Krautwurst machte nicht nur prachtvolle Gedichte und Erzählungen, er verfertigte auch ausgezeichnete Artikel und Kritiken über Kunst, Literatur, Theater, Politik, kommunale Fragen, Konzerte, Sport, Technik usw., wobei er vieles dem Lexikon entnahm, aber das weitaus meiste höchst bewundernswert aus der Luft griff. Man wird meine Hochachtung vor diesem ganz ausnahmsweise hervorragenden Menschen teilen, wenn ich einige Proben seines Genies hier einklebe. –

Hier die erste Strophe eines Gedichtes für die Zeitschrift »Flamme«, mit dem Titel:

Die sterbende Tochter.

Die Lampe glimmt so traurig um tiefe Mitternacht,
Sie muß wohl bald erlöschen, wird sie nicht gefacht!
Auf leichenblasse Wangen fällt matt ihr Strahl herab,
Ein Mägdlein seufzt und ächzt nach Ruh' im kühlen Grab.
In ihrer Mutter Armen schläft weich das kranke Kind,
Die Mutter weint und betet, denn fromm ist sie gesinnt!

53

Sie pflegt so unverdrossen, sie spricht manch sanftes Wort,
Sie wischt dem Kind die Zähren des Todesschweißes fort!
usw. usw […]

Noch eine Kunstkritik für die »Düsseldorfer Zeitung«.
(Die »Düsseldorfer Zeitung« habe ich immer mit Vorliebe gelesen und ich halte sie für das beste humoristische
Blatt der Welt. Man kann nur bedauern, daß sie so unbekannt ist und von fast niemand gelesen wird, was meines Erachtens ein Beweis dafür ist, daß den Menschen
der Sinn für wahre Komik abgeht.)
»Van Gogh«.
»Mit der Ausstellung dieses »Künstlers« in der Galerie F.
wird den irrsinnigen Machwerken, mit denen dieses Un-
ternehmen sich nicht entblödet, unserer kunstverständi-
gen Stadt und ihrer noch kunstverständigeren Bürgerschaft seit dem Beginn seines kunstfeindlichen Salons,
dem entgegenzutreten wir für unsere vornehmste Pflicht
immer, trotz dem Zetergeschrei, mit welchem unausge-
backene Jünglinge uns überschütten, halten werden, unter die Augen zu treten, die Krone aufgesetzt. Diese reihenweise Verhöhnung durch einen wahnwitzigen Far-
benschmierer muß jedem begeisterten und an den herrlichen Werken unserer heimischen Künstlerschaft ge-
schulten Kunstfreunde die schamhafte Röte der Empö-
rung in die ehrlichen Wangen treiben. Mit Werken dieser Art würde kein junger Anfänger Aufnahme an unserer Akademie finden; daß es Kunsthändler, ja, daß es
überhaupt Leute gibt, die dieses Zeug als Kunst aus-
schreien, ist empörend und beschämend für das deutsche
Volk, das diese Leute als Landsleute dulden muß. Zu unserem Glück steht unsere Kunststadt so fest in ihrer un-
veränderlichen Meinung in Kunstdingen, daß dieser
Herr van Gogh, dessen Herkunft wir trotz seines fremd-
ländischen Namens wohl nicht allzuweit von Berlin zu
suchen haben, außer bei Insassen einer Irrenanstalt kaum

jemand finden wird, der ihn ernst nimmt. Trotzdem können wir nicht unterlassen, darauf hinzuweisen, daß unsere Polizeiverwaltung es höchst bedenklicherweise bisher noch nicht für nötig gehalten hat, gegen diesen groben Unfug einzuschreiten.« – – –

Als letztes hier noch einen Absatz aus einem Artikel für die »Deutschvölkische Rundschau«:

»Was wir heute als deutsche Kunst hören, sehen, lesen und schauen, ist Judas Werk. Jüdische Dichter sprechen zu unserem Volk, jüdische Komponisten verflachen es mit ihrer Mauschelmusik, jüdische Maler und Bildhauer trüben seinen Blick mit Farbenklecksen und krummen Linien und eine jüdische Presse schweigt die wenigen tot, die kämpfend, ringend und singend hinabgestiegen sind in den Seelen deutschen Brunnenlebens, um unserem Volke, heiligen, reinen, frommen, tugendhaften, ehrlichen, mit einem Wort deutschen Geistesquell zu geben, ein Labsal, daran es wieder genesen kann.« – – –

3. Der Proletarier

Gern wäre ich für immer bei Herrn Jean Krautwurst geblieben, aber eines Tages – ich saß gerade unten auf der Türschwelle und war ganz in die Erinnerung an einen kurz vorher gelesenen neuen Artikel meines Herrn »Etwas über das Leben und Treiben der Hämorrhoiden« versunken – packte mich ganz unvermutet ein vorübergehender Mensch am Halskragen, band mich an eine Schnur und zog mich, trotz heftigen Sträubens meinerseits, mit sich fort. Es war ein Mensch von der überwiegenden, niederen Sorte in sehr abgerissener Kleidung und mit höchst bedenklichem und für mich und meine Zukunft besorgniserregendem Gesichtsausdruck. –
Er wurde für einige Zeit mein neuer Herr. –
Wilhelm Kindgen – so hieß der Mensch – verkehrte viel im sogenannten »Volkshause«. Oftmals lauschten wir dort den kräftigen, von manchem Faustschlag auf den klebrigen Tisch begleiteten Reden und Unterhaltungen von Männern der Arbeit. Sie saßen da manche Stunden, aber ausdauernder wie mein neuer Herr war keiner von diesen Männern, und es konnte deshalb nicht wundernehmen, daß sie ihm, den man zu jeder Tageszeit in seiner Ecke, neben dem Glasschrank mit der sozialistischen Vereinsfahne sitzen sehen konnte (und mit mir unter dem Tisch), bald schon vertraulich zugrinsten und manchmal sogar, wie seiner Zustimmung gewiß, ihre Reden mit dem Blick auf ihn hielten. – Eines Abends, es mochte vielleicht zwei Wochen nach unserer von mir ungewollten Bekanntschaft sein, setzte sich einer unserer neuen Freunde auf Entfernung, sie nannten ihn »Kaspar«, zu uns und lud meinen neuen Herrn zu einem Glase Bier ein. –
– –

»Na, Genosse«, sagte er und legte seine rauhe Hand, deren Nägeln man es ansah, wie schmutzig die meiste Arbeit ist, vertraulich auf Herrn Kindgens Arm, »wo kommst'n du her?« –

»Aus'm Kaschott!« erwiderte mein Herr und biß von der spendierten Zigarre die Spitze ab. – »Au Backe!« lachte »Kaspar«, »aber sei man stille, det macht garnix! Ins Gegenteil, unsere besten Leute sind die mehrste Zeit dringewesen. – Bist'n einjeschrieben?«

»Natürlich,« sagte mein Herr stolz und spuckte die abgekaute Zigarrenspitze gegen die Wand, »sogar forzjrafiert!« –

»Ne, ne«, wieherte »Kaspar«, »det mein'ck nich! – Biste einjeschrieben bei de sozialistische Partei?«

Herr Wilhelm Kindgen verneinte, sagte aber sogleich, daß es schon lange sein heißester Wunsch sei, der Partei anzugehören und daß er glaube, als ihr Mitglied sehr nützlich und segensreich wirken zu können. –

Zwei Minuten später saß er an dem großen Tisch mitten zwischen seinen neuen Mitgenossen und entfesselte durch die humorvolle Schilderung seiner Erlebnisse im »Kaschott« das brüllende Gelächter und durch den Vortrag von über fünfzig Versen aus der »Wirtin an der Lahn« die tiefgehende Bewunderung seiner Zuhörerschaft. –

Spät in der Nacht, nachdem wir noch zugesagt hatten, das kommende Stiftungsfest des Arbeiter-Turnvereins »Freiheit« mit unserem Besuche zu beehren, zog die ganze Gesellschaft, aufs beste angeregt von hohen Reden und Hamburger Bier, durch die stillen Straßen und Gassen der großen Hafenstadt, jeden Einzelnen bis vor seine Tür begleitend und manchem sie zur Ruhe weisenden Polizisten eine freundlich gemeinte, aber nicht so freundlich aufgenommene Einladung zurufend. –

Acht Tage später, auf dem eben erwähnten Stiftungsfest, war er schon ziemlich allgemein bekannt als einer, der eine große sozialistische Zukunft vor sich habe. Wir wurden aufgefordert, uns mit an und unter den Vorstandstisch zu setzen, und mein Herr sah mit der Miene eines alten Turners und Sportsachverständigen und mit aufgestemmten Armen den Darbietungen keulenschwingender Herren in weißen Unterjacken und mit muskulösen, zum Teil reizend tätowierten Gliedmaßen zu. Mancher interessierte und einladende Blick aus den schönen Augen der anwesenden sozialistischen Damen traf ihn, und er benutzte den anschließenden Festball eifrig zur Anknüpfung zarter und verheißungsvoller Beziehungen. –

Kurze Zeit nach diesem Feste hielt mein Herr in einer Versammlung eine Rede. Er führte etwa folgendes aus:

»Werte Jenossen! –

Ich bin ers kurz in der Partei, aberst ich wollte nur sagen,
daß ich schonst als 'n janz kleiner Jung for den Sozialismus jeschwärmt habe. (Bravo!) Un daß das 'ne jroße Je-
meinheit is (Sehr richtig!), dat dat reiche Pack all dat
schöne Jeld hat und brauch nich zu arbeiten un wir müssen schweißen und arbeiten, für wem? – für den paar Jro-
schen un für zu leben! (Bravo!) Un daß wir uns das nich
länger jefallen zu jelassen brauchen. Wir wollen auch mal
'n janzen Tag Schampanjer saufen un auf'n Sofa liegen
un die können dann auch mal sehen, was arbeiten is!
(Minutenlanger Beifall.) Kellner, noch'n Bier!« – –

So ungefähr waren seine Worte, und man kann sich denken, daß sie bei seinen Genossen außergewöhnliche Begeisterung fanden. Gedanken von solcher Spannweite
der Idee waren anscheinend nie, höchstens von den Füh-
rern des Sozialismus gehört worden, und mein Herr
hatte Mühe genug, die haufenweise auf ihn eindringen-
den Einladungen zu Kaffees, Sitzungen, Rendezvous,
Kegelabenden, Ausflügen mit und ohne Wagen, Abendessen, Frühschoppen, Versammlungen, Konzerten des
Arbeiter-Gesangvereins »Der Freiheit Banner wehe fort«,
des sozialistischen Zitherklubs »Alpenrot« usw. usw. aus-
einander zu halten. –

Da er unverheiratet und auch von ansehnlichem Äußern
war, machten sich vor allem die töchterreichen unter den
genossenschaftlichen Familien ein Vergnügen daraus,
den kommenden großen Mann zu Mittag- und Abendessen einzuladen. Wir ließen uns das gern gefallen, um
so mehr, da wir bald die Wahrnehmung machten, daß
unser Lebensunterhalt dadurch wirksam verbilligt und
unsere Ernährung wesentlich besser und angenehm
reichhaltig wurde, aber mein Herr hütete sich vor den
Fallstricken der Ehe. Nicht etwa, daß er den Verkehr mit
Damen mied, aber er machte ihnen gleich von Anfang
an kurz und bündig klar, daß man auch (ich würde »nur«

gesagt haben) ohne zu heiraten lustig sein und viel Spaß haben könnte und daß der Gedanke einer etwaigen Heirat mit ihm als unmöglich und sinnlos fallen zu lassen sei. Die jungen Damen, soweit sie schon verheiratet waren, sagten, das wäre die einzig richtige Ansicht, die, die gerne geheiratet worden wären, fanden sich mit ihr ab, und beide Parteien waren sich, nach allem, was ich so gesehen habe, darin einig, daß mein Herr Eigenschaften besitze, die auch einem unverheirateten Mann wohl anständen und die unbenutzt zu lassen unverzeihlich und dumm gewesen wäre. – – –

Eines Tages war große Aufregung in der Stadt. Es wäre Krieg, sagten die Leute. Ich habe gelesen und weiß, was Krieg ist, bin auch selbst – wie ich vielleicht später mal erzählen werde – im Felde gewesen und kann nur sagen, daß ich diese menschliche Sitte für eine ungeheure Borniertheit halte. Aber das ist zum Glück meine Sache nicht, jedenfalls war es damals sehr interessant, den Betrieb in der Stadt und die Verrücktheit der Menschen in seltener Vollkommenheit anzusehen. –

Stundenlang standen wir eingekeilt in einer dichten Menschenmenge vor dem Telegraphenamt, mein Herr schrie jedem Gesicht, das sich etwa an den Fenstern des Gebäudes sehen ließ, »Vorlesen!« entgegen und veranlaßte einen Herrn, der der Meinung Ausdruck gab, daß dieser Krieg wohl monatelang dauern könne, zu einem überstürzten Rückzug mit eingebeultem Hut, und dessen goldene Uhr, sich in seine Tasche zu verlaufen. Überhaupt betrachtete er abends mit Kopfschütteln die Zerstreutheit der irrsinnigen Leute, wenn er seine Taschen mit fremden Portemonnaies, Uhren, Bleistifthaltern in Gold und Silber und dergleichen angefüllt fand, die ihre Besitzer in der Aufregung anstatt in ihre in seine Taschen gesteckt hatten. Versuchte er dann am nächsten Tage den einen oder anderen Inhaber in der Menge aus-

findig zu machen, um ihm sein Eigentum zurückzuge-
ben, so mußte er bald die Aussichtslosigkeit dieses Be-
ginnens einsehen und hatte Mühe und Not, sich rasch
genug vor der Zerstreutheit neuer Patrioten respektive
Idioten zu retten. –

Ein neues Feld unserer Tätigkeit eröffnete sich uns beim
Bekanntwerden der Nachrichten von den dutzendweise
im Lande herumrasenden feindlichen Goldautomobilen.
Vom grauen Morgen bis spät in die Nacht hinein standen wir nun in den Hauptstraßen der Vororte, hielten
jedes Auto an, hatten ein kostbares Vergnügen daran, die
protzigen Kapitalisten mit vorgehaltenem Knüppel zu
ängstigen, redeten barsche Worte von »Polizei, Spione,
Gold, vorführen usw.« und hatten in den meisten Fällen
die Genugtuung, unseren Patriotismus durch ein mehr
oder minder großes Lösegeld belohnt zu sehen. Doch gelang es uns leider nie, eines der wirklichen Goldautomo-
bile in die Hände zu bekommen. –

Viel Freude bereitete uns auch das Entdecken von Spio-
nen, wenn es uns auch nie glückte, einen echten dingfest
zu machen. Zwar schien uns ein Holländer, der mit ver-
kniffenem Gesicht das neueste Telegramm an der
Scheibe eines Restaurants las und sogar etwas wie
»Schwindel« murmelte, ein wirklicher Spion zu sein,
doch hinderte meinen Herrn eine Ohrfeige, den Holländer der Polizei zu übergeben. Überhaupt war sein ange-
borener und durch seine Erlebnisse wahrscheinlich genug gerechtfertigter Widerwille gegen die Polizei der
Hauptgrund, warum er, wie ich glaube, weniger Gutes
als bei einem einigermaßen freundschaftlichen Verhältnis zu ihr wirken konnte. Aber auch so war seine Tätigkeit im Stillen von manchen erfreulichen Erfolgen begleitet, und ich erinnere mich zum Beispiel, wie er eines
Abends in einem jungen Mädchen einen verkleideten
Spion zu sehen glaubte und sich erst nach eingehender

Untersuchung vom angenehmen Gegenteil überzeugen ließ. –

Mit Interesse besahen wir uns die abziehenden Truppen und die ankommenden Telegramme, studierten die aushängenden Kriegsschauplätze, wobei mein Herr, auch daran als der geborene Mann des Volkes zu erkennen, sich mit Vorliebe in das dichteste Menschengedränge stellte, was mir aus verschiedenen Gründen nicht so angenehm war. Gerne und eifrig erbot er sich auf Bahnsteigen und belebten Straßen zur Verteilung von Liebesgaben an die abziehenden Soldaten, und es war wirklich rührend, den biederen Mann einem Soldaten einige Zigarren, einem anderen ein saftiges Schinkenbrot in die nervige Krieger- und Heldenfaust drücken zu sehen. Um so rührender, als die Kontrolle auf den Bahnsteigen sehr kleinlich war und er als Lohn opferfreudiger Arbeit die Zigarren nur stückweise, nie in ganzen Kistchen mit nach Hause bringen konnte. Doch war er auch so zufrieden und wurde es noch mehr, als eine neue Aufgabe uns jetzt immer mehr aus dem Gelärm der aufgeregten Straßen und Plätze in die verschwiegene Stille behaglicher Häuslichkeit zog. Mein Herr übernahm es, die zurückbleibenden Frauen und Töchter seiner nach und nach einberufenen Mitgenossen zu trösten, und unterzog sich dieser schönen Arbeit mit viel Geschick, Anteilnahme und aufopfernder Hingebung. –

Doch sollte er diese angenehme Tätigkeit nicht allzulange ausüben. Mit roher Faust erstickte die Militärverwaltung die Kriegsbegeisterung meines Herrn, als sie ihn eines Tages durch Plakate und eine nachfolgende persönliche Einladung aufforderte, sich sauber zu waschen und sie zu besuchen. Lange schwankte er hin und her, entschied sich aber zum Schluß doch, die Einladung anzunehmen, obwohl ich merkte, daß hauptsächlich die Bitte, sich sauber zu waschen, ihm außerordentlich unangenehm war. – – –

Herr Wilhelm Kindgen wurde als tauglich befunden, sich zu den deutschen Helden zählen zu dürfen, und wir mußten uns trennen. Wir nahmen ohne große gegenseitige Rührung Abschied voneinander, und ich trat als Geschenk meines bisherigen Herrn in die Familie Bigalke ein. – – – –

4. Die Filmstars

Von Delphinen niedlich umspielt und von Walen artig umspringbrunnt, zog die »Aurora Lachenich« leichtschaukelnd und majestätisch ihre Bahn durch die knallblauen Fluten des Mittelländischen Meers. Sie war von den Vdfag, den »Vereinigten Deutschen Film-Aktiengesellschaften« gechartert und trug an Bord unsere berühmtesten Filmgrößen, an ihrer Spitze die entzückende Susanna Sasunni und den phänomenalen Sensationsdarsteller Mahomet de Strauß, weiter den Generaldirektor der Vdfag, Kommissionsrat Siegfried Schlochauer, und Harry John W.C. Müller-Pforzheim, den weltbekannten Regisseur von »Untergang des Abendlandes«, »Wem nie durch Liebe Leid geschah« usw. usw.

Nachdem man gestern Tanger angelaufen und dieser orientalischen Hafenstadt einen kurzen Besuch abgestattet hatte, ließ der Kapitän kurz nach Mitternacht den Kurs nach Osten wieder aufnehmen und steuerte nun in schnurgerader Richtung auf Neapel zu, dem Ziele der Expedition, wo an geschichtlichem Ort und geweihter Stätte die Originalaufnahmen zu dem riesigen Spitzenfilm »Die Pest in Bombay« gedreht werden sollten.

Zwar munkelte in der Heimat alle Welt, daß diese ganze Reise eigentlich nicht nötig gewesen sei, daß sogar noch acht Tage vor ihrem Antritt Harry John W.C. Müller-Pforzheim den Vertretern der internationalen Presse in einem huldvollst gewährten Interview erklärt habe: wenn es auf ihn ankäme, brauche man keinen Schritt weit zu tun, und seine Genialität getraue sich, im Verein mit Susanna Sasunni und Mahomet de Strauß vor zwei bemalten Pappendeckeln und einer künstlichen Palme eine »Pest von Bombay« hinzulegen, die selbst dem kritischsten Kopfe die Waffe aus der Hand schlagen und ihn zugeben lassen würde, daß hier der natürlichste Dreck Neapels ohnmächtig zur Seite stehen müsse. Und man sagte, daß trotzdem die Vdfag diese Expedition beschlossen habe, einzig und allein, weil Susanna Sasunni sie wollte! –

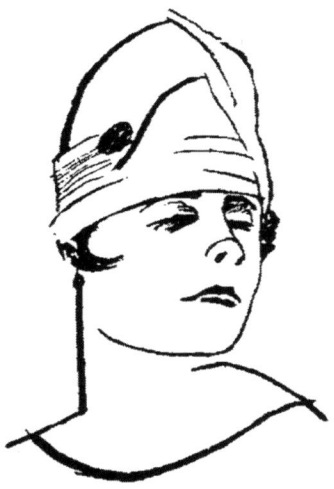

Warum wollte Susanne Sasunni sie? – War sie, und wenn, weshalb war sie so erpicht, die Blinde von Bombay in Neapel zu spielen? – Konnte sie die dortige Gegend reizen, sie, die eine der komfortabelsten Villen in Berlin W. besaß? – Glaubte sie im Ernst und im Süden eine vielleicht mögliche Steigerung ihrer großen Kunst, eine trotz ihrer hochthronenden Gipfelspitze – –

»Ih wo,« verriet es Kommissionsrat Schlochauer Herrn Müller-Pforzheim, »weder Gipfelspitze noch Spitzelgipfe, lieber Harry. Das kleine Luderchen zu gesund will von ihrem Herrn Gatten weg, und wenn die Sasunni was will, nu, was bleibt uns übrig, als uns'n Jontef nebbich draus zu machen!« –

Wie? – Was? – Susanna Sasunni wäre also verheiratet!? Diese herzig-blonde Sylphide, die dort in einer ihrer weltberühmt-malerischsten Stellungen am Spillgang lehnt, in freundlichem Gespräche mit Mahomet de Strauß, dieses süße, einem Elfenbeinzahne an Zärte gleiche Geschöpf, diese Wonne aller Jungmädchen und Jünglinge, aller alten Tanten und lustigen Greise schmachtete in Eheketten! – Nicht möglich! –

Ja, keine Macht der Erde hätte es ihr angesehen, auch nicht, wie unvergleichlich grausam das Zusammenleben mit einem nicht nur ungeliebten, sondern auch eifersüchtigen, den harmlosesten Seitensprüngen Susannas, ihren unschuldigsten Vergnügungen abholden Manne – kurz, mit einem wahren Ritter Blaubart war. Denn ohne das kleinste Kummerfältchen, von keines Gedankens Blässe angekränkelt, erstrahlte zart wie das rosige Fell eines fetten Ferkelchens die mit unvergleichlichem Geschmack zusammengestellte Farbenskala ihres anbetungswürdigen Gesichtchens. Aber in den tiefsten Ritzchen ihres reizend gebauten Herzchens hatte der Kummer starke Bresche geschlagen und, von ihr noch halb unbewußten Sehnsüchten leicht gezwickt, war sie dem mahnenden Klopfen dieses so süße Schauer hervorzurufen fähigen Muskelsacks endlich gefolgt und ihrem Gatten ausgerissen. – – –

Man würde nun eine nur sehr unvollkommene, ja, sogar lächerlich zu nennende Kenntnis von der Meinung berühmter Filmdarsteller über ihre Größe und Bedeutung haben, wenn man annehmen würde, daß irgend etwas auf dieser von ihm so gnädig bewandelten Erdenkugel Mahomet de Strauß hätte vermögen können, nach Neapel zu fahren, wenn Mahomet de Strauß nach Neapel zu fahren keine Lust gehabt hätte. Und da das Susanna genau so gut wie Kommissionsrat Siegfried Schlochauer wußte, mag man sich ihre Verwunderung und dann

Freude vorstellen, als er den Vorschlag mit einer Begeisterung auf- und annahm, die für eine Persönlichkeit von seinem Ausmaße geradezu komisch wirken mußte, wenn man bedachte, was ein Mahomet de Strauß außer sich selbst wohl Begeisterndes und ausgerechnet in Neapel finden konnte.

Doch war hier eben das süße, ihm selbst und Susannen bestimmt ganz unbekannte Geheimnis. Und nur ein dem Rasiermesser an Schärfe gleicher Beobachter hätte an einem verstohlenen Augenzucken und manchmal leichten Beben der prima manikürierten Fingerspitzen die Entdeckung gemacht, daß Mahomet de Strauß Susanna Sasunni liebte, von ganzem Herzen, über alles in der Welt und sogar fast bis hart an die Grenze seines eigenen Ichs heranreichend liebte. – – […]

Als acht Tage nach der festgesetzten Ankunft der »Aurora Lachenich« in Neapel das Schiff durch Presse und Rundfunk als überfällig gemeldet wurde, geriet ganz Europa in ungeheure, ganz unbeschreibliche Aufregung. Was weder ein Krieg noch selbst sogar ein neuer Weltrekord im Gewichtheben, im Hundert Meter-Brustschwimmen oder so erreichen konnte, empfand man nun bei dem furchtbaren, nicht auszudenkenden Gedanken, daß Susanna Sasunni und Mahomet de Strauß umgekommen sein sollten. Des vornehmsten Palastes in den Großstädten wie der kleinsten Hütte im abgelegensten Weltwinkel, des stummen Knappen tief in des Schachtes Gründen, wie der jodelnden Sennerin hoch auf der Berge spitzesten Spitzen bemächtigte sich eine niederschmetternde, ganz extraordinäre und nie vorher gekannte Traurigkeit.

Wie, Susanna, die göttliche Susanna Sasunni, die Freude unseres Jahrhunderts, die Wonne des reichen und der Kaviar des armen Mannes, sollte nicht mehr sein; was, Mahomet de Strauß, die Sensation der Sensationen, das Vorbild aller Männer und der süße Traum aller Frauen, sollten grausame Wogen verschlungen haben!? – Das konnte, das durfte nicht sein; lieber alles andere, nur das nicht! –

Die Selbstmordstatistik schnellte, als die erste Nachricht zur Gewißheit wurde, in wenigen Tagen furchtbar in die Höhe. Zu Tausenden nahmen die armen Leute, nun das verloren gebend, was einzig das Leben ihnen lebenswert und lieb gemacht hatte, Gift, schossen sich tot, gingen ins tiefe Wasser und hingen sich auf.

Halbmast wehte es von allen Häusern.

Die Wohnungen der beiden nun selig Verblichenen in Berlin wurden zu Wallfahrtsorten; hunderttausend umflorte Pilger aus aller Diktatoren Länder stauten sich vor den beiden Türen, starrten zu den Fenstern hinauf, weinend und wehklagend. Sie schlugen sich um die besten

Plätze vornean, rissen sich wütend die gegenseitigen Kleider vom Leibe und beschimpften sich mit ausgesuchten Gemeinheiten in allen Kultursprachen. Ohnmachten und zertretene Kinder waren reif wie Brombeeren – ach!, was bedeuteten tausend Tote, was waren alle Kinder der Welt gegen den Tod Susannas und Mahomets!? –

Die Regierungen der Mittelmeerländer mußten der Wut ihrer Völker weichen. Vielfach daran gewöhnt, stellten sie sich ohne langes Lamento an die Wand und ließen sich totschießen. Doch brachte ihr Tod die beiden Vielgeliebten nicht zurück.

Politische, Handels- und selbst Sportredakteure, soweit sie umzustellen sich nicht verstanden, wurden entlassen (doch waren es natürlich nur wenige), und Zeitungen, die auf ihren Seiten etwas anderes zu bringen wagten, wie nur über Susanna und Mahomet, gingen ein wie Fliegen bei Froste.

Mahomets Putzfrau öffnete ihr Archiv und gab Erinnerungen an ihren verstorbenen Herrn heraus. In kaum acht Tagen war sie zehnfache Millionärin und konnte – hohnlachend, wenn sie nicht so tieftraurig gewesen wäre – ablehnen, eine ihr angebotene Tournee durch die amerikanischen Varietés zu machen.

Wotan Eitersack, der Generaldirektor der »Fufi«, glaubte seine Weizenblüte gekommen und stellte mit ungeheurer Reklame Fräulein Vera Costarica als Sasunni-Ersatz in »Geschmolzene Herzen« heraus. Eine von ihm nichts als einen Hosenknopf übriglassende Bombe und unzählige dem Erdboden gleichgemachte Lichtspielhäuser bereiteten dem Versuch ein vorzeitiges Ende.

Nicht besser erging es dem Dottore Themistocle Vermicelli, einem kleinen Rechtsanwalt aus der Basilicata in Süditalien, der, seiner winzigen Landpraxis und des halben Hungerlebens müde und auf eine allerdings erstaunlich große Ähnlichkeit mit Mahomet de Strauß sich stützend, unter Erzählung abenteuerlichster Geschichten plötzlich in Rom auftauchte, aber von Mahomets im Flugzeuge herbeieilender Putzfrau an einem ihm am Bauche fehlenden Muttermal sofort als Schwindler entlarvt und von der um ihre letzte Hoffnung sich betrogen sehenden Millionärin bei lebendigem Leibe erwürgt wurde. – –

Mit großen Besorgnissen und fast noch ratloser als gewöhnlich, standen die Regierungen ihren bis aufs äußerste aufgewühlten Völkern gegenüber. Gerne hätten die Diplomaten mit einem frischfröhlichen Kriege sich aus der Affäre gezogen, doch fanden sie trotz jahrelanger Praxis keinen Schwindel, der groß genug gewesen wäre, ihre Völker in dieser Zeit zum gegenseitigen Abschlachten aufzuhetzen. Und sie einfach alle zusammen über die Klinge springen zu lassen, war ihre Zahl zu groß und die der Diplomaten noch zu klein. Die Völker zu beruhigen, war also im Augenblick ihre einzige, wegen mangelnder Übung ungern genug übernommene Aufgabe.

Auf Anregung der Vereinigten Staaten von Nordamerika traten denn die Regierungschefs endlich zu einer außerordentlichen Tagung des Völkerbundes zusammen und beschlossen nach wochenlanger, mit vielem Gezänk und manchem geschickt gesetzten Grundstein zu späteren Kriegen angenehm verkurzweilten Debatte, die gesamte internationale Kriegsflotte, alle Passagierdampfer und jedes nur irgendwie verfügbare Schiff auf die Suche nach den Vermißten bis in jeden kleinsten Winkel der Weltmeere zu schicken.

Vierundzwanzig Stunden später schon lief die gesamte englische Flotte aus, die der anderen Mächte folgten nach und nach. Und so konnte Europa wenigstens noch die kleine Hoffnung haben, daß, weilten Susanna Sasunni und Mahomet de Strauß, auch Röschen Dös-

chen, Valentin Valencia, Müller-Pforzheim, Schlochauer und Wenzel Puhlke noch unter den Lebenden, sie
nun sicher gefunden werden würden.
Europa stand mit fieberhaft klopfenden Herzen, Europa
wartete. — — — —

5. Der Sportler

Es gab an diesem Tag keinen Reisenden, der nicht beim Verlassen des Kölner Hauptbahnhofes den Nächstbesten erstaunt gefragt hätte, was eigentlich hier los sei. Denn er sah, soweit sein Auge reichte, den weiten Domplatz in drangvoller Enge bevölkert von einer nach Tausenden und Abertausenden zählenden Menschenmenge. Ganz Köln, so konnte ihm scheinen, hatte sich hier versammelt. Und stand und starrte die Fassade des Excelsior-Domhotels an, ab und zu in wilde Hurras und Hochs ohne jeden sichtbaren Anlaß ausbrechend.

Und wenn er nun, da durchzukommen unmöglich war, halb aus Zwang, halb von Neugierde geplagt, ebenfalls stand und starrte, konnte er sehen, wie sich nach einem besonders laut tobenden Gebrüll der Menschen unten, auf dem Balkone oben eine Tür öffnete und ein Mann heraustrat, der, von heiserem Hochgeschrei und wildgeschwenkten Hüten, knatterndem Händeklatschen und wehenden Taschentüchern empfangen, leutselig und lächelnd mit winkender Hand heruntergrüßte.

War dieser Mann ein König, ein Fürst, ein Prinz?

Ja, er war jedes und alles zusammen. Der berühmte Anwärter auf den Weltmeisterschaftsgürtel im Boxschwergewicht und allen Kategorien, der Stolz Deutschlands, der Liebling des Volkes, Emil Beinahe!

Da stand er, die eine Hand schwer auf das gußeiserne Geländer gestützt, mit der anderen Grüße und Kußhändchen winkend, in elegantem Straßenanzug, eine große Nelke im Knopfloch, ein stolzes Lächeln im kantig geschnittenen Gesicht mit der gebrochenen Sattelnase.

Angesichts des Domes.

Wahrlich, diese beiden großen Vertreter deutscher Kunst und Kultur so nahe beieinander und sich von Angesicht zu Angesicht gegenüberstehen zu sehen, den stolzen Dom hier und den beinahe noch stolzeren Emil Beinahe dort, war ein Anblick, der manchem braven Mann schöne Tränen der Rührung in die Augen trieb.

Bis spät in die Nacht hinein stand das begeisterte Volk, standen eingekeilt Straßenbahnwagen und Automobile, standen mit herausgedrückter Brust und martialischen Mienen die Winkposten, die auch nun nichts weiter zu tun hatten, als die erleuchteten Fenster im ersten Stock des Excelsior-Domhotels anzustarren.
Hinter denen Emil Beinahe den Herren Vertretern der Kölnischen Presse ein ›Intervöh‹ nach dem andern gab.
Ja, der große Mann wußte genau, was er seiner ›exbornierten‹ Stellung schuldig war. Leutselig und fast wie Seinesgleichen (trotzdem es das, wenigstens in Europa, doch gar nicht gab), stand er Rede und Antwort. Und

73

was er redete und was er antwortet, war von ebensoviel überragender Einsicht wie außergewöhnlicher Klarheit des Gedankens und der Ausdrucksweise.

Jawoll, Köln war eine kolossal famose Stadt und Emil Beinahe war kolossal jerührt von dem famosen Empfang. Jawoll, stimmte auf'n Kopp jenau, der Herr Oberbürgermeister wollte ihn auf dem Rathause empfangen, na klar. Jawoll, hatte ihm Karten jeschickt für's Opernhaus für morjen Abend, jawoll, Prostuzionslohsche. Jawoll, in knapp vier Wochen jondelte er nach U.S.A. rüber, zum Kampf um den Weltmeistertitel mit Micky Klumpatsch.

»Und was halten Sie von Ihren Aussichten dort, Meister? Nun, natürlich, nicht wahr – eh – «

Das kam drauf an. Wer am besten in Form war, jewann. War er, Emil Beinahe in der besten Form, jewann er; konnte aber auch sein, daß der Micky in noch besserer Form war, dann jewann eben Micky.

»Ausgeschlossen! Sagen Sie die Leite, werte Herren, Emil isse fit, isse in allerbester Form, isse in Überform, isse topfit. Kann niche und niemalen werden geschlagen von nebbich diese große Maul Micky Klumpatsch. Emil wird dieses Kerl zusammenhauen wie eine nasse Lumpensack. Sagen Sie das die Leite!« nickte Herr Abdul Chamer, der Emil Beinahes ›Mänätscher‹ und ein Türke war. Zwar, wollen wir hier verraten, als ein waschechter Berliner die Türkei nie gesehen, aber aus Opportunitätsgründen die Wichtigkeit erkannt hatte, seine deutsche Muttersprache auf diese, durch langjährige Übung zur Virtuosität gesteigerte, fremdländische Art zu radebrechen.

Woran er bestimmt sehr richtig tat, wenn man weiß, wie nicht wenig zum Ruhme Emil Beinahes die Tatsache beitrug, daß sein Manager ein echter Türke war.

Was, fragten nicht nur die Journalisten, sondern fragten sich auch alle Kölner, tat Emil Beinahe in Köln. Den Herrn Oberbürgermeister im Rathaus zu besuchen oder eine Opernvorstellung, leev Herrjöttche, dat konnte dr

Emil dr janze Dag han un üvrigens hatte dä wichtigeres
zu dunn. Mit'm Trähning am Sandsack und eso. Denn
dr Micky, Jong!, dä wor dr verdammt nit von Pappede-
ckel. Dä hatte dr baskische Holzfäller, dr Pajolino ze-
sammejetrommelt, un den Nejer – wie daht de Kähl
noch heesche? – , den hatt's jlich in dr eeschten Runde
jlatt ausjeknockt.
Was also tat Emil Beinahe in Köln?
Emil Beinahe hielt mit der Antwort nicht zurück. Zwar
steckte, was man nicht so ohne weiteres glauben konnte,
wenn man ihn ansah, ein tiefes Gemüt und eine zarte
Seele in seinem robusten, muskelbepackten Körper, und
er hatte viel zu viel Herzensbildung, um seine heiligsten
Gefühle auf den breiten Markt zu tragen. Schon weil
ihm die Worte, sie richtig auszudrücken, fehlten. Doch
Emil Beinahe kannte sein Volk und wußte, was man
ihm, sich selber und seiner Berühmtheit schuldig war.
Weshalb denn die Zeitungen die so heftig interessie-
rende Aufklärung, von Beinahe mit knappen Stichworten gegeben und von den Herren Zeitungsschreibern
mundgerecht serviert, in ihrer Bedeutung entsprechend
großer Aufmachung brachten.

Emil Beinahe besucht seinen Heimatsort!
Am Grabe der Mutter!

Piefkeshausen, die Stätte seiner Geburt zu besuchen, war
er nach Köln gekommen. Als ein trotz seiner Berühmtheit treuliebender Sohn – wahrlich ein Vorbild in diesen
Zeiten immer mehr verschwindender Pietät! – seinem
greisen Vater die ihn in seinen ersten Lebensjahren so
wachsam geleitet habende Hand zu drücken. Und für
seinen schweren Kampf in Amerika sich den Segen seiner
toten Mutter – einer edlen Frau von echtdeutsch-be-
scheidener Art, wie man in Piefkeshausen allgemein bestätigte – an ihrem, auf Anweisung des großen Sohnes

durch alle Jahre mit Blumen überreich geschmückten Grabe zu erflehen.

War die Liebe und Begeisterung der Kölner für Emil Beinahe überhaupt noch der Steigerung fähig, so tat sie das nun, nach diesen so überaus rührenden Artikeln. Die Fahrt gegen Mittag zum Rathause glich einem einzigen Triumphzuge. Der Herr Oberbürgermeister, da er vom Boxen nicht allzuviel verstand und froh war, Themata solcher Art, von Pietät, Kindesliebe undsoweiter, in die Hand zu bekommen – über die ein Oberbürgermeister stundenlang die erbaulichsten Sachen sagen kann, ohne befürchten zu müssen, wie bei Steuernachforderungen, Dollaranleihen und dem Haushaltetat Mißfallen zu erregen – baute seine Rede in der Hauptsache darauf auf und fand die Zustimmung aller Kölner und aller Parteien.

Mit Ausnahme natürlich der links und rechts extremsten, die aus Prinzip nicht und nie mit ihm einig gingen. Selbst wenn er nur gesagt hätte, daß eine Pflaume keine Ananas sei.

Am Abend dann im Opernhause stieg die Begeisterung zu unbeschreiblichen Ausmaßen. Wohl zwei Dutzend Mal legte der Herr Kapellmeister den erhobenen Taktstock wieder hin, weil immer sich erneuernder Beifall, Hochs von der Galerie und Händeklatschen aus dem Parkett den Beginn der Ouvertüre unmöglich machten. Und eine begreifliche Unruhe störte während des ganzen Abends den Kunstgenuß.

Dem aber auch niemand so recht sich hingeben mochte. Denn was war Fidelios Treue, an der Emil Beinahes gemessen, was Florestans Todesmut, mit dem unseres großen Helden verglichen!? Konnte dieser Pizarro so wüst noch länger sich aufspielen, mußte ihm nicht jeglicher Ton in der Kehle stecken bleiben, wenn er doch wußte, daß ein einziger winziger Tipp von dem kleinsten Finger des großen Mannes dort in der Loge ihm das Singen und Herumschwadronnieren für immer verleiden konnte!? Es war eine Farce. Eben nur Theater. Mache. Kindisch fast eigentlich. Heutigen Menschen nicht mehr adäquat. Dort drüben dagegen saß das Leben, saß Kraft, Wahrheit und wahres Heldentum.

Am nächsten Morgen, nachdem er noch dem Westdeutschen Rundfunk freundlichst (und gegen ein gutes Honorar, versteht sich) gestattet hatte, die dortigen Feierlichkeiten durch Radio dem gesamten deutschen Volke mitzuteilen, fuhr Emil Beinahe nach Piefkeshausen ab.

6. Die Krieger

Einige Tage später sahen wir von einer Anhöhe nahe bei Ansbach das bayerische Heer zu unseren Füßen liegen. Unübersehbare Menschenmengen zogen sich da zusammen, soweit man sehen konnte, aufgeregt, brüllend und einen muffigen Gestank ausströmend, wie wir ihn in dieser Stärke in Deutschland noch nicht bemerkt hatten und der selbst Seiner Exzellenz eine gefährliche Waffe zu sein schien. Ganz abgesehen von uns ganz unbekannten und vielleicht sehr fürchterlich wirkenden Granaten, die die Form grauer Krüge mit Henkeln hatten, auf die ein drohendes HB aufgemalt war und die sie Mann für Mann wütend in der Luft herumschwenkten und manchmal vor den Kopf hielten, was wahrscheinlich heißen sollte: Seht, wenn euch diese Dinger an den Kopf fliegen, seid ihr geliefert!

Auf ihren wehenden Fahnen war zu unserem Erstaunen (und vermutlich uns zum Hohn) unser Zeichen für langes Leben* aufgestickt oder -gemalt und an ihren Bäuchen blitzten blinkende Ketten und bammelten reihenweise die Zähne ihrer Feinde.

Seine Exzellenz mochte wohl ein so gefährliches Volk und heftigen Widerstand nicht erwartet haben, denn nachdem er mit seinem Generalstabe lange beraten hatte, gab er mir den Befehl, mich in das feindliche Lager zu begeben, die Bayern gegen das feierliche Versprechen, ihre Grenzen zu respektieren, zum Rückzuge zu bewegen und – –

»Hier«, sagte er und überreichte mir ein Telegramm folgenden Inhalts:

---

* Unser vielgeliebtes Hakenkreuz, das bei uns aber für jüdische Leute »kurzes Leben« bedeuten soll.

78

›Bitte Exzellenz ehrfurchtsvoll anzugeben, was mit vorhandenen Tieren geschehen soll und ob dringend benötigter, in Bayern ansässiger großer General Teutobold von Rotzknotz zu Trottelhausen für Garten geliefert werden kann‹ Ping-Tuan

»Hier,« sagte Seine Exzellenz, »und der weise Greis möge sie fragen, ob sie den General gegen die Tiere einzutauschen bereit sind.« – – –

Tiere!?, gröhlten die erstaunlich dickbäuchigen und anscheinend ziemlich stark angetrunkenen Herren, denen ich einige Stunden später mehr tot als lebendig die Wünsche Seiner Exzellenz vortrug, Tiere!? – Sie hätten in Bayern merkwürdige Tiere genug und wollten uns davon, Juden z.B. und Kommunisten, soweit sie die noch nicht totgeschlagen hätten, herzlich gerne schenken, soviel wir haben wollten.

Was ich dankend und innerlich schaudernd ablehnte. –

»Und woas nu uns'n liabn Herrn General Teutobold von Rotzknotz zu Trottelhausen anbetrifft, so soag'n S' nur fein Eahnern Herrn Oberbeföhlshaber: wir sein Padrioten un koane Saupreuß'n net, die wo ihre großen Männer zum Land 'nausjagen tun un den Dreck dab'halten! – Unser liabr Herr General Rotzknotz is uns für ganz Eahneren Schina net feil und ieberhaupt für goarnichts net – nur, wann Eahnere Exzlenz sich feierlich un aufs Sakrament verpflicht'n tuat, uns's guete Starkbier für zwoaundzwoanzig Pfennige die volle Moaß zu garantier'n!« – – –

Zwei der feindlichen Führer gingen dann als Unterhändler mit mir zurück zu Seiner Exzellenz und setzten mit ihm einen Friedensvertrag auf, nach dessen beiderseitiger Unterschreibung und besonders dem Versprechen, ihnen am folgenden Morgen Bier, soviel sie haben wollten, ganz kostenlos zu liefern, sie sehr vergnügt wurden, Seiner Exzellenz kräftig die Hand schüttelten und ihm das Zeichen für langes Leben in Nadelform feierlich auf den Rock steckten. –

Doch am anderen Morgen in aller Frühe weckte mich Getöse von Hörnern, Trommeln und knallenden Kanonen. Erschrocken fuhr ich vom Lager auf, ging zur Türe und fragte meinen eben vorübereilenden jungen Freund, den Generalstabsoffizier, was denn los sei.

»Seine Exzellenz hat soeben den Beginn der Schlacht befohlen!« –

»Wie!?« sagte ich hocherstaunt, »man hat doch gestern einen Friedensvertrag unterschrieben!« –

»Hähä,« lachte er eilig, »Verträge sind doch nur Papierfetzen! – Der hochverehrte Herr Großvater vergißt, daß wir in Deutschland sind! – Hier werden Verträge schon seit langem so behandelt! – Und nun haben wir, den Göttern sei's gedankt, endlich eine Schlacht!« – Und damit rannte er rasch weiter. –

Ich dachte – – – vielmehr, ich wollte denken, kam aber nicht dazu, denn das Getöse, Knallen, Bersten, Zischen und Geschrei war in den wenigen Minuten so stark geworden, daß mein eigenes Denken zu verstehen mir ganz unmöglich geworden war. Halbbetäubt von Angst und Schrecken knöpfte ich mich mit zitternden Händen notdürftig an und stolperte die Treppe zum Dache unseres Hauptquartiers hinauf. –

Als ich den Kopf vorsichtig zur Dachluke hinaussteckte – – ihr guten Geister des hohen Himmels! niemals hätte ich gedacht, daß ein Krieg eine so grauenvolle und abscheuliche Schweinerei sein könnte. Da war nichts von »frischfröhlich«, »Heldenmut« und was sonst noch an Phrasen in unseren Büchern steht und von uns an patriotischen Tagen und im gemütlichen Kreise gefaselt zu werden pflegt, nichts von »Erhabenheit«, »Größe« und »Tapferkeit« zu sehen. Wie Schlachtvieh wurden unsere sich mit verzerrten Gesichtern vergeblich nach Rettung umsehenden Soldaten von mit Reitpeitschen und Pistolenkolben ihre Rücken (der Soldaten natürlich!) bearbeitenden Offiziere und Gendarmen vorgetrieben, gegen die Bayern, die einen geradezu betäubenden Geruch losließen und den Kampf mit ihrer gefährlichsten Waffe, den ihnen aus weitaufgerissenen Mäulern entfahrenden Schimpfworten eröffneten. –

Die unheimlichen grauen HB-Granaten flogen durch die Luft, noch im Fliegen eine braune und schäumende Flüssigkeit von sich gebend, und zerknallten klirrend an den Köpfen unserer Soldaten, sie über und über mit dem tödlichen Gift bespritzend. Wild schwangen die Bayern Stuhlbeine, Stöcke, ganze Stühle und Rüben ähnliche weiße Wurfgeschosse, unter mir tobte aus den Fenstern die brüllende Stimme Seiner Exzellenz, Artillerie fuhr vorne auf und schleuderte aus hundert Feuerschlünden das Verderben in die feindlichen Reihen. – –

Ah, ihr, die ihr begeistert von Kriegen quatscht, in weichen Sesseln, und die Schale mit dem süßen Reiswein an den schmatzenden Lippen, tretet näher! – hier ist es ganz ungefährlich – – hier! – – puh, Donnerwetter, Sie, hochverehrter Herr, haben ja wohl schon etwas in Ihre werten Hosen gemacht!? – – – tretet näher, seht es euch an, seht es euch gut an. Seht ihr sie fliegen, zerrissen und zerfetzt? – – das sind Menschen, Verehrteste, Menschen wie wir! – witsch – habt ihr gesehen? gerade flog ein abgerissener Kopf über unsere Köpfe! – – Was dort zuckt und sich windet wie ein scheußliches Schlangenknäuel? – Das sind Eingeweide, werte Herren, gelbes Gedärm, aus Menschenleibern gerissen von Granaten und verwickelt mit den um sich schlagenden Hufen krepierender Pferde. – – Und dort – – wie, euch wird schlecht!? – Verehrte Herrschaften, hat euch eure Suppe nicht noch einmal so gut geschmeckt, wenn ihr hörtet, »die Verluste des Feindes sind ungeheuer?« habt ihr euch nicht vor Begeisterung besoffen und euch die Hände gerieben vor

Vergnügen, wenn eure Zeitung meldete »hunderttausend tote Feinde bedecken das Schlachtfeld?« – Wie kann es euch jetzt schlecht werden!? – – Reibt euch die Hände, he, bringt Reiswein und süße Liköre, trinkt, sauft, johlt und – – was? das sei etwas anderes, das wären Feinde gewesen? – – –

Hm – – – verwirrt fuhr ich mir mit der Hand über den Schädel – – was man doch in absonderlichen Situationen für blödes Zeug denken kann! – Natürlich, das alles mußte doch so sein, das waren unsere Feinde dort, unsere Regierung und Seine Exzellenz hatten es so bestimmt, die mußten das wissen, denn sonst! – – woran sollte sich ein vernünftiger Mensch anders halten, als an seine Regierung und den Herrn Oberbefehlshaber!? – Ihre Aufgabe war es doch, die beste Art, sich Feinde zu machen, aufzufinden, denn, bitte, wofür haben wir unsere Soldaten? Etwa zum Spaß? – Na also! – Soldaten haben und keinen Krieg machen, hä – – gewiß, denen ist es offenbar unangenehm, aber den Herren Generälen ist es angenehm, und das ist doch wohl ausschlaggebend. Was wollten sie auch sonst tun!? – Gibt es irgendeinen anderen, noch so winzigen Beruf auf der weiten Welt, in dem man sie mit Vorteil verwenden könnte? – Nein! – Damit ist die Notwendigkeit ihrer Existenz und damit des Krieges einwandfrei bewiesen, und man soll mich totschlagen, wenn das keine vernünftige Logik ist. –

Zwar ist es eine unleugbar blutige und nicht eben sehr hübsch anzusehende Sache – – äh, gerade hat ein vorüberfliegendes blutiges Bein – na, mein Bein war es ja nicht! – – auch würden diese Menschen hier sich höchstwahrscheinlich gerne gegenseitig leben lassen, wenn man sie nicht höheren Orts – – doch still! das sind sehr unnütze und gefährliche Gedanken.

Weshalb ich als ein ordentlicher Patriot besser sage: Krieg muß sein, die Regierung, die Generäle, die Fabrikbesitzer, die Bankdirektoren, kurz, alle feinen Leute wollen ihn; hat man da noch zu fragen, ob das Volk ihn auch will? – Hat das Volk überhaupt etwas zu wollen? – – Na also! – –

Deshalb rufe ich: Es lebe der Krieg! Und schreie Hurra, besonders weil in diesem Augenblicke die Bayern besiegt sich wenden und in wilder Flucht das Weite suchen.

7. Der Autor (Groteske)

Ein Gespenst und wie Uzarski McGanefs Spuren folgt

Auf müden Beinen wankte ein Mann in noch ziemlich jungen Jahren die Treppe des Finanzamtes herunter. »Tag, Herr Katzfey!« und lüftete seinen Hut. »Auch in diesem beliebten Gebäude zu tun?!«

Herr Katzfey prallte zurück, stieß einen unartikulierten Schreckensruf aus und raste mit wehenden Rockschößen die Straße hinab.

Mit Windeseile verbreitete sich durch die Stadt: der ermordete Uzarski geht um! Ein gewisser Herr Katzfey, wohlsituierter Bürger und unzweifelhafter Ehrenmann, hat das Gespenst am hellen Tage gesehen. Soeben. Auf der Treppe des Finanzamtes.

Schrecken griff um sich und Entsetzen.

Herr Hauptschriftleiter Meinecke vom »Morgenblatt« rief das Finanzamt an, Zimmer Nr. 56, S bis Z. »War ein gewisser Uzarski heute morgen bei Ihnen?«

»Jawohl. Ist vor einer halben Stunde gegangen.«

»Aber der ist doch seit zwei Tagen ermordet!«

»Davon hat er uns kein Wort gesagt!«

Schaudernd legte Herr Meinecke den Hörer hin und schrieb mit zitternder Hand einen Leitartikel: »Das Gespenst Uzarski und der Versailler Friedensvertrag.«

Die Bürger riefen angsterfüllt ihre Kinder von den Straßen und schlossen Türen und Läden.

Handel und Wandel stockte.

Nur das Finanzamt tat wie immer seine Pflicht.

Das Gespenst stand inzwischen geduldig an der nächsten Haltestelle und wartete auf seine Bahn. Eine 4, deren Führer wohl zu lange gevespert hatten, versuchte als letzte ins Depot sich zu flüchten. Mit einem Fluch schwang das Gespenst sich auf die Plattform. Kreischend entgleiste die 4, verzweifelt stießen sich die Schaffner ihre Lochzangen ins Herz, Fahrscheine flogen wie Schneeflocken im fliehenden Winde.

Da lief das Gespenst kopfschüttelnd zu Fuß und aufs Rathaus. Irrte lange durch die menschen- und sogar von Beamten leeren Räume und entdeckte endlich den Herrn Oberbürgermeister. Wie der Kapitän auf der Kommandobrücke seines sinkenden Schiffes in die dunkelste Ecke der Herrentoilette gequetscht. Mit wehender Hemdfahne auf seinem Posten ausharrend. Pflichtbewußtsein im Herzen und dieses Herz in der Hose.

»Mein bescheidener Name ist Uzarski«, sagte das Gespenst. »Darf ich den Herrn Oberbürgermeister fragen, was los ist? – Ist die ganze Stadt verrückt geworden?«

»Bö – bö – bö – –« stammelte Herr Oberbürgermeister Würstchen.

»Ich war allerdings auf dem Finanzamt,« und sah an sich herunter, »doch sind mir trotzdem Rock, Hemd und Hose geblieben. Was also ist an mir, daß man mich flieht, daß Bahnen entgleisen und Amtsgebäude bei meinem Anblick sogar erzittern?«

»Sie – Sie sind – vor zwei Tagen – ermodet – ermordet!« stotterte der Herr Oberbürgermeister.

»Ermordet!? Ich !? – Davon müßte ich wissen! – Ich war allerdings, wie gesagt, zwei Tage lang auf dem Finanzamt. Wartete dort auf dem Flur. Aber – ausgeplündert ist doch noch nicht ermordet!«

Herr Oberbürgermeister Würstchen richtete sich langsam auf und entledigte sich heimlich seiner unbrauchbar gewordenen Hose. »Dann sind Sie also auch kein Gespenst?!«

»Ein Gespenst? – Ich denke nicht dran!«

»Dann ersuche ich Sie, sich das nächste Mal ordnungsgemäß anzumelden. Im Vorzimmer des Amtszimmers«, schnarrte der Herr Oberbürgermeister und erhob sich zu majestätischer Größe. Bedeckte seine Blöße mit einer Abortbürste und ging stolz hinaus.

Uzarski hinter ihm her. »Pardon, wer hat behauptet, daß ich ermordet sei?«

»McGanef!«

»MacGanef? Der weltberühmte – –?«

»Eben der!«

»Ah! Und wo ist er?«

»Auf den Spuren Ihres Mörders!«

»Wo sind die?«

»In Hamburg!« und knallte wütend die Türe hinter sich zu.

Uzarski ging durch die menschenleeren Straßen und stand vor dem blutroten See. Der war inzwischen stark zurückgegangen und verbreitete einen infernalischen Gestank. Mitten auf ihm schaukelte McGanefs über hunderpferdiger Dreimaster, den der Meisterdetektiv hier als Horchposten zurückgelassen hatte.

Lange stand Uzarski und stierte erstaunt. Das sah richtig aus wie Blut! Ob – und wurde bleich vor Entsetzen – ob McGanef doch recht hatte? Er tatsächlich ein Gespenst und hier vor zwei Tagen ermor – – – ?, die zwei Tage auf dem Flur des Finanzamtes als ein seliger Engel geträumt hatte! Wie man schaudernd von einer Hölle träumt, der man glücklich entgangen ist! – – – –

Ach was, Unsinn! Zwei Tage auf dem zugigen Flur des Finanzamtes warten, machte weiß Gott keinen Menschen zum Engel. Er sah seinen kleinen Bauch sich wölben, sah die notdürftig verknoteten Enden des vor drei Wochen gerissenen Schnürsenkels am rechten Fuß, fühlte den Schmerz vom gezwickten Ohr – – ach was, Unsinn! – Das hier war allerdings offenbar Blut; aber so, nein, so stank sein, Uzarskis, Blut ganz bestimmt nicht. Denn das war doch nur bürgerliches.

Nein, er lebte, und wer hier ermordet war, was ging es ihn an!

Aber war damit diese Geschichte nun für ihn erledigt? Sollte er nun ruhig nach Hause gehen und alles vergeben und vergessen sein lassen?

»Nein!« schrie er heftig hinaus.

Neun – schlug ein Echo die Uhr am nahen Sankt Blasien-Turme.

Schon neun? – Dann wurde es die höchste Zeit! Denn das Finanzamt reitet schnell! Ha, jawohl, ermordet wollte er sein, wollte er bleiben! Ein Ermordeter hat kein Einkommen, ein Gespenst verdient nichts. Ergo: konnte man nichts ihm nehmen.

Uzarski fiel auf die Knie, faltete fromm die Hände und dankte im stillen Gebet McGanef und seinem Mörder.

Aber wenn der Detektiv den Mörder nun faßte! Es herauskam, daß er, Uzarski, gar nicht ermordet worden war! Es überlief ihn kalt.

Man mußte McGanef nachsetzen, ihm seine Pläne zerstören, seinen Fallen noch bessere entgegensetzen. Nie durfte er den Mörder finden.

Da stand sein Dreimaster. Uzarski zog Schuh und Strümpfe aus, krempelte die Hosen hoch und watete durch den blutroten See zum schaukelnden Schiff. Schwang sich über die Reling, warf den über hundertpferdigen Motor an und fuhr in rasendem Tempo über Leverkusen, Ermsleben, Konnersreuth und Hinterzarten nach Hamburg. […]

Wie der Kaiser Wilhelm der Zweite den König von England besucht, als was er sich entpuppt und wie Uzarski ihm entwischt

»Der Kaiser Wilhelm der Zweite!« meldete der Lakai.

»Was??«, der König von England hätte sich beinahe verschluckt, »Wilhelm!? – Das ist aber – – ganz großartig ist das! – Flink, Frau, schnell noch eine Tasse!«

Und befahl dem Lakai: »Wir lassen bitten!«
Weit öffnete der Diener die Flügeltüren, das Grammophon spielte: »Siehste woll, da kimmt er«, und herein klirrte säbelrasselnd der Kaiser.

»Mein lieber Vetter!« schluchzte der König und breitete die Arme aus.
»Mein lieber Vetter!« schluchzte ebenso der Kaiser und knallte dem König ein paar kräftige Küsse ins Gesicht.
»Ta, Mariechen!, wie geht's, wie steht's? Was machen die Kinder?«
»So lala!« hauchte die Königin. »Lege ab!«
Der Kaiser stülpte den Adlerhelm auf die Kaffeekanne und warf sich krachend in einen Sessel. »Uff! Weiß der Teufel, konnt's drüben nicht mehr aushalten. Ewig Bückling und Holländer Käse, das hält kein Schwein aus. Mußte mal andere Gesichter sehen. Fuhr rasch rüber. Da

bin ich!« Und schlug sich auf die Knie. »Tut verflucht gut, mal wieder unter Seinesgleichen zu sein!«

»Das sagste gut!« nickte der König von England. »Kann ich mir lebhaft vorstellen, so immer in Doorn – «

»Schon lange ein Dorn im Auge!«

»Armer Willy, hast Pech gehabt!« bedauerte ihn die Königin mitleidig, schnäuzte sich die Nase und schnitt ihm ein besonders großes Stück Rodonkuchen ab.

»Gott strafe Dolchstoß!« fluchte Se. Majestät und donnerte mit der Faust auf den Tisch, daß die Kaffeetassen klirrten.

»Gestatte übrigens, daß ich dir Vierköter vorstelle. Berühmter Landsmann von dir. Hat gestern den Rekord im Kanalschwimmen um zwei Hundertstel Sekunden gebrochen.«

»Ah,« der Kaiser richtete seine blitzblauen Augen auf ihn, »sehr angenehm! Unsere Zukunft liegt auf dem Wasser! Höre gern, daß mein Geist in Deutschland immer noch lebendig!«

Uzarski verbeugte sich tief und bemerkte alleruntertänigst, daß der Geist seiner Majestät in Deutschland grassiere wie die Pest in Indien.

»Und einen famosen Rodonkuchen hat er mir mitgebracht!« rief der König von England dazwischen. »Komm, probier' mal und laß doch die olle Politik bis nachher!«

»Moment!« sagte Kaiser Wilhelm der Zweite und stand auf, »will ihm nur eben einen Orden geben!« Nahm Uzarski in eine entfernte Ecke und den Schnurrbart ab. »Da staunst du, was! Nur nicht lange gefackelt und kein Aufsehen hier bei den Leuten gemacht! Vorwärts! Los!«

»McGanef!« stammelte Uzarski entsetzt.

»Ah, du kennst mich!« lächelte der Detektiv unmerklich. »Alter Bekannter also! Um so besser!« Nahm aus der Gesäßtasche ein Paar Handschellen – –

Mit dem Mute der Verzweiflung gab ihm Uzarski einen Stoß vor die ordenklimpernde Brust, daß McGanef sein Gleichgewicht verlor und langhin auf das glatte Parkett flog. Raste hinaus. Die Treppe hinunter, an verdutzten Hofmarschällen, Generälen, Admirälen, Regierungsräten, Korvettenkapitänen, Oberlehrern – und was sonst noch alles am Fuße königlicher Treppen nach oben schielt – vorbei.

Hinter ihm in einigem Abstand der Kaiser Wilhelm der Zweite, alias McGanef.

»Three cheers for Vierköter!« schrie die seit Stunden wartende, vieltausendköpfige Menge, als Uzarski aus der Türe des Palastes geflogen kam. »Hurra! Hurra! Hurra!« Uzarski sprang mit zwei Sätzen in das nächste Auto: »Vorwärts! Zum Hafen!« Doch schon auf dem Trafalgar Square stellte sich ihm eine womöglich noch größere Schar Bewunderer entgegen, die das große Glück, den bedeutendsten Mann ihrer Zeit sehen zu dürfen, nicht so rasch an sich vorübersausen lassen wollte. Sie umringten den schier Verzweifelnden dicht, ließen das Benzin seines Autos von sechs überglücklichen Erwerbslosen aussaufen und bespannten den Wagen mit ihren rasch zu Stricken zerschnittenen Röcken. Und zogen so den großen Kanalschwimmer, der, aus der Not eine Tugend machend, sie mit »Vorwärts, Gentlemen, geschwind! Ich muß sofort einen neuen Rekord brechen!« anfeuerte, in tollster Gangart durch Londons begeisterte Straßen. Liefen, zogen, stießen und brüllten, daß ihr Schweiß die Abzugskanäle zu verstopfen drohte.

Es war zu Uzarskis Glück, daß er zufällig McGanefs Auto erwischt hatte. So daß der, den in seiner großmächtigen Uniform die Menge für einen entlaufenen Filmhelden hielt und anglotzte, kostbare Sekunden verstreichen lassen musste, bis ein Chauffeur sich fand, der für ein so aufgetakeltes Monstrum seinen guten Ruf aufs Spiel zu setzen bereit war. Gewann sogar durch das Versprechen herrlichster Zeiten dessen ganze Meisterschaft, so daß Uzarski ihn schon am Ende der Regent Street um die Ecke sausen sah. Noch eine halbe Minute kaum und der Verfolger würde ihn erreicht haben. Nimmermehr! Erspähte auf dem Asphalt die runde Platte eines Kanalisationsschachtes. Sprang aus dem Auto, hob blitzschnell den Deckel, winkte seinen staunend stierenden Verehrern ein herzliches »Auf Wiedersehen!« und verschwand die schmale Leiter hinab.

Hart über ihn hinweg fegte McGanefs Auto. Durch den Hyde Park, über Westminster Bridge, Clapham Road, Whitechapel, Harrow on the Hill und Goldhawk Road bis scharf an den Strand von Richmond.

»Halt!« Der weltberühmte Meisterdetektiv stieg aus und sah sich nach allen Seiten um. Von dem falschen Vierköter nirgends eine Spur. Verdammt! Wollte schon die Verfolgung nach der entgegengesetzten Seite wieder aufnehmen, als er im Wasser ein farbiges Etwas müde schaukeln sah. Zog es an einem Zipfel auf den Sand und lächelte unmerklich.

Seine zichorienblumenblauen Augen erkannten mit einem einzigen Blick und seine bewegliche Adlernase roch sofort den Teppich aus Fräulein Sartorius' Schlafgemach.

Ah, genau, wie er es vorhergewußt hatte! Steckte den Finger ins Wasser. Zog ihn wieder heraus. Seine Vermutung bestätigte sich, der Golfstrom kam scharf von Westen! Von Amerika!

Verschnürte das Corpus delicti zu einem Bündel und steckte es hurtig in die Gesäßtasche. Was konnte der falsche Vierköter noch interessieren! Mochte der richtige sehen, wie er mit ihm fertig wurde. Denn er, McGanef, wußte nun, was einzig seine Pflicht war.

Verwandelte sich mit einem kleinen Handgriff aus dem Kaiser Wilhelm in einen biederen amerikanischen Schweinezüchter, warf sich in die Wogen und kletterte gewandt die Wand der »Leviathan« empor, die gerade auf dem Wege nach Amerika war.

»Scheußlich, ganz scheußlich!« schüttelte der König von England bekümmert den Kopf. Immer dieselbe Geschichte mit Willy! Ich glaube, er ändert sich nie. Noch so nett und gemütlich kann es sein; sobald er dabei ist, gibt's irgend 'ne Schweinerei!«

Schenkte sich eine Flasche Bier ein und aß dazu traurig das letzte Stück vom Rodonkuchen.

II. Artikel und Briefe

1. Hermann Harry Schmitz. Brief und Text

[Der Brief]

Hermann Harry Schmitz an Adolf Uzarski, Düsseldorf
1. Juli 1912

1. Juli 1912

Mein lieber Adolf Uzarski!

Herzl. Dank für Ihre Karte aus Granada. Gott hat etwas
gegen mich – ich hatte alles schon vorbereitet, am 6. d.
M. mit dem Grotius abzufahren und Sie wie vorgeschla-
gen in Tanger zu treffen – die nötigen Gelder waren dis-
ponibel – ich habe mir weiße Anzüge besorgt – kurz ich
war aufs beste gerüstet. Jetzt bin ich seit acht Tagen
krank und gezwungen, tagaus tagein ruhig und schier
verzückt auf dem Divan zu liegen, ich habe eine Gürtelrose der Saison entsprechend, die Sache zeigt sich bei
mir, da ich rechtzeitige Behandlung verbummelt habe,
mit allen mir unangenehmen Begleiterscheinungen. Be-
gießen Sie sich mit Petrolium, stecken sich an, und wäl-
zen sich dann in Viehsalz – das wird so ungefähr auf die
Schmerzen einer Gürtelrose rauskommen. Alles klebt an
einem wie fest angeleimt. Dabei sind die Magen-, Herz-
und Kopfnerven angegriffen, und es scheint mir, dass die
Leichenrede Eulenbergs auf mich aktuell wird. – Ich
habe dem Doktor Milliarden geboten, wenn er mich bis
zum 5. Juli aufbügeln würde – es ist nichts zu machen,
es kann noch Wochen dauern, bis die Wunden geheilt
sind und ich wieder in Ordnung bin. – Ich habe eine
Wut auf das Fatum – es geht mir alles schief. – – Ich
beneide Sie. Schreiben Sie mir bitte auf jeden Fall eine
Karte, wo Sie da unten für länger verweilen wollen – Sie

sprachen ja von zwei Monaten, die Sie wegbleiben wollten. – Lassen Sie es sich recht gut gehen. Seien Sie herzl. gegrüßt

Von Ihrem Herm. Harry Schmitz

[Der Text]

Er war beileibe kein Spassmacher, den nichts weiter bewegte, als aus der Veräppelung menschlicher Unterwertigkeiten sich und anderen einen Jux zu machen. Er war ein Moralist reinsten Wassers, unter dessen komischer Maske des literarischen Exzentrikers das brennende Herz des eine bessere Welt sich Ersehnenden und der Feindschaft gegen alles und alle schlug, die sich herunterzerrend auswirken. Einer, an dem ebenso der Rheinländer abzulesen war, wie seine Art, die Spiessigkeiten seiner lieben Mitbürger aufzupicken und in kostbar-überspitzten Grotesken dem Gelächter preiszugeben, gerade in Düsseldorf für eine nicht eben erfreuliche Erscheinung gelten musste. Dass wohl aus diesem Grunde die Erinnerung an ihn nur noch ganz selten lebendig wird, nur noch bei zufälliger Gelegenheit, er gleichsam ausserhalb der Einfriedung um den Komplex »Düsseldorfer Kulturgeschichte« mitläuft, gehört zu jenem Mangel an Einsicht, wenn nicht bewusster Vernachlässigung, der die Stadt Düsseldorf in den Ruch gebracht hat, sich mehr durch verpasste Gelegenheiten, als durch vorbildliche Kulturtaten hervorzutun.

›Die Afrika-Expedition‹ betitelte sich eine in den ›Düsseldorfer Nachrichten‹ erschienene Schnurre in Fortsetzungen, mit der ich dem Drang, mich schreibenderweise loszulassen, ziemlich zum erstenmal Futter gegeben hatte. Nach der zweiten oder dritten Folge klingelte an unserer Haustür ein Herr, der mich sprechen zu wollen vorgab. Er traf niemand an ausser dem Hausmädchen. Und diesem Mädchen vom Lande musste dieser Besuch notwendig merkwürdig, ja unheimlich vorkommen. Er trug – es war im Januar 1911 – Tennishosen und weisse Segeltuchschuhe, sein wie aus Leder gegerbtes Gesicht glich dem eines Indianers, vor der Brust hielt er einen Spazierstock mit einer silbernen Krücke, die ein ›ganz blosses Mädchen‹ darstellte. Seine äusserst persönliche Art des Sprechens und wie er dabei mit den langen knochigen Fingern knackte, war ebenso wenig dazu angetan, einer Unschuld vom Lande nicht verdächtig vorzukommen. Kurz darauf kam er abermals, traf mich an, und daraus entwickelte sich, gefördert durch die Nähe meiner zu seiner Wohnung – Schumannstrasse 13 – ein öfteres und bald freundschaftliches Zusammensein, das sich dann auch an dritten Orten fortsetzte. So kamen wir mal an dem Treffpunkt aller damaligen ›Abseitigen‹, im ›Buchverschleiss‹ des feinen Fritz Worm – auch er später einer der Gründer des Immermann-Bundes und viel später im erzwungenen Exil in Rio drüben an Kummer und Heimweh Zerbrochener – und dieser Morgen ist mir deshalb in heiterster Erinnerung, weil Hermann Harry uns, Herbert Eulenberg, Fritz Worm, Georg Szell (heute weltbekannter Conductor des Cleveland Symphonie Orchesters) und mir einen eben erstandenen Füllfederhalter mit Stolz vorführte. Explizierend hantierte und schraubte er an dem damals noch neumodischen Ding herum, das auf einmal unversehens einen Strom Tinte über seine Hände und den hellen Anzug – er liebte es, sich ebenso apart wie in lichten Farben zu kleiden – ergoss. Woraus dann eine seiner drolligen, die Geplagtheit der an ihren ›Errungenschaften‹ leidenden Kreatur tragikomisch illustrierenden, Charlie Chaplin vorempfundenen Grotesken entstand.

Jene besagte ›Afrika Expedition‹ brachte ihn auf den Vorschlag, gemeinsam auszukundschaften, inwieweit meine aus den Fingern gesogene Geschichte mit der

Wirklichkeit übereinstimme. Bis nach Marokko mit anschliessendem Trip und Rückweg durch Andalusien sollte unser nicht gerade fürstlich gespickter Geldbeutel uns bringen, kalkulierten wir. Also spazierten wir zu einem Reisebüro auf der Königsallee. Als wir es nach einer Viertelstunde verliessen, hatten wir die Fahrscheine für einen Ostasiendampfer bis Tanger in der Tasche.

Abergläubige Gemüter werden nicht daran zweifeln, dass einem, der ausgerechnet in einer Nr 13 wohnt, alles nur auf die ungebutterte Seite fallen muss. Aber auch, wer für unbegreifliche Vorfälle ein bequemes ›Zufall!‹ zur Hand hat, wäre bei diesem von einem Pech in das nächste taumelnden Hermann Harry Schmitz vielleicht doch nachdenklich geworden. Tatsächlich hatte er sich mit einem unaufhörlichen Ansturm von Misshelligkeiten, Ungemach und Krankheiten herumzuschlagen. Und da er eine durchaus unkriegerische Natur war, zeigte dieses Sichherumschlagen ein ausnahmslos einseitiges Gesicht. So erhielt ich denn auch bei dieser Gelegenheit eine Woche vor unserem Abfahrtstag von ihm eine Karte – aus dem Marien-Hospital. Dort lag er, körperlich ein wahres Häuflein Unglück, und litt. »Und wissen Sie, woran am meisten?: an der scheusslichen Aussicht, hierbleiben und nicht mitfahren zu können!« Aber in drei Wochen könne er fahren, tröstete der Onkel Doktor. Und so kamen wir überein, dass ich ihn mit dem übernächsten Schiff in Tanger erwarten sollte.

Aber weder mit diesem noch mit einem anderen ist er gekommen. Und weder Marokko noch Andalusien hat er je zu sehen gekriegt. Nach vielen Wochen erreichte mich in Ronda endlich sein Brief. Eine von sich überschlagender Komik durchmischte Jereminade. Aus dem Marien-Hospital eben entlassen, hatte ein Abzess unter der Zunge ihn zu quälen begonnen und quälte ihn noch. »Gross wie eine Apfelsine! Was insofern ein Vorteil ist, als ich die spanischen Apfelsinen mit Ihnen zu besehen darob sparen könnte, zwänge mich nicht schon dazu diese mir verflucht sauer aufstossende Südfrucht im Mund. Die dabei aus ihrer vaterländischen Art derart geschlagen ist, dass sie mir nicht mal erlaubt, ein ›Hasta la vista, Sennor Adolfo!‹ zu stammeln.«

Bekümmert, weil um meine heiterste Hoffnung gebracht, schlich ich mutterselenallein durch Andalusiens Städte, doppelt niedergeschlagen durch die infernalische Hitze dieses denkwürdigen Jahres. Meine Entgegnung an Hermann Harry fand keine Antwort. Und nicht mal wiedergesehen haben wir uns, nachdem ich wieder daheim war. Er blieb unsichtbar und verschollen bis zu dem Tag, an dem er telegraphisch den Schuss avisierte, mittels dessen er sich in eine leidensfreiere Welt geschossen hat.

Unter seinen hinterlassenen Papieren aber fand sich die Fahrkarte nach Marokko. Er hatte sie also nicht zurückgegeben und wohl noch immer gehofft, durch die ›Reise nach Afrika‹ wenigstens für ein paar Wochen einer Umwelt zu entgehen, gegen deren malträtierende Kanonade er keine Waffen hatte.

2. »Das Junge Rheinland«. Briefe und Texte

[1. Briefe]

Adolf Uzarski an Hans Franck, Düsseldorf, 13. November 1919

Düsseldorf, 13. Nov.

Sehr verehrter Herr Franck,
gestatten Sie mir, Ihnen zu Ihrem Artikel in der Frankfurter Zeitung über die Hundertjahrfeier der Akademie meine besondere Hochachtung und meinen Dank auszusprechen. Hochachtung, weil der Mut, der aus ihm spricht, eine so grosse Seltenheit ist; Dank dafür, weil er uns, die wir seit Jahrzehnten gegen diesen Krebsschaden der Düsseldorfer Kunst anrennen, in so famoser Weise den Rücken stärkt. Ich höre heute zu meiner Freude, dass die Besprechung auch in der hiesigen Lokal-Ztg. erschienen ist. Das ist besonders gut, es können garnicht genug mutige junge Stimmen hier in Düsseldorf laut werden, denn ich weiss aus langer Erfahrung, dass es eine immense Aufgabe ist, der Reaktion in Kunstdingen das Wasser abzugraben. Immerhin haben wir Jungen hier viel erreicht und ich glaube, wenn ich Sie bitte, sobald Ihre Zeit das erlaubt, mich zu besuchen, dass Sie Manches sehr Erfreuliche, auch Erstaunliche kennen lernen würden. Ich würde mich jedenfalls sehr freuen, Sie bei mir zu sehen.
Sie geben in Ihrer Besprechung Ihrem Befremden Ausdruck, dass junge Künstler sich zur Darstellung dieses tendenziösen »Festspiels« fanden, dass sogar einer ihrer Vertreter mit in den Lobgesang auf Roeber einstimmte. Nun, das sind natürlich nur Akademiker. Ich sage »nur«, denn das sind weder Junge noch Künstler, sondern nur

Menschen, die uns, die wirklich Jungen aufs heftigste be-
kämpfen und die durchaus verdienen, Schüler an dieser
Akademie zu sein. Die, auf die es ankommt, bei denen
die bessere Zukunft des Düsseldorfer Kunstlebens liegt
und die Ihren Artikel mit dankbarer Freude begrüssen,
haben mit dieser »Feier« nichts gemein und werden
schon bald zeigen, haben auch schon Gelegenheit gehabt, es zu zeigen, wie sie zu diesen Dingen stehen.
Herr Prof. Dr. Koetschau bittet mich, Ihnen seine grosse
Freude und seine Hochachtung auszudrücken.
Ich bin mit bestem Gruss
Ihr sehr ergebener
Uzarski

*Adolf Uzarski an Louise Dumont, Düsseldorf, 16. Januar
1920*
Düsseldorf 16. Jan

Sehr verehrte gnädige Frau,
dass ich Ihnen auf Ihre liebenswürdigen Wünsche erst
heute antworte, bitte ich zu entschuldigen. Eine mehr-
wöchige Krankheit und allzu grosse Arbeitsüberlastung
liessen mich nicht dazu kommen, meine wichtigste Korrespondenz, wozu ich auch die Beantwortung Ihrer Zei-
len rechne, zu erledigen. Die Vorarbeiten zur Grossen
Kunstausstellung 1920, zur Junge-Rheinland Ausstellung in Essen, Vertreter- und Vorstandspöstchen nehmen mir meine ganze verfügbare Zeit weg, sodass ich
kaum noch unter der freundlichen Anrede »Bruder in
Apollo« mitsegeln kann. –
Herrn Kuhn sind inzwischen Papiere und Benachrichti-
gungen zugegangen und ich werde mich freuen, Ihnen
in einigen Monaten mitteilen zu können, dass die Jury
Ihnen in Ihrer Meinung über den Künstler Recht gibt. –

Ihre Wünsche zum Jahre 1920 nehme ich herzlich dankend vor Allem für das Junge Rheinland an. Es kann sie brauchen, denn es wird auf der grossen Walstatt im Kunstpalast zu beweisen haben, dass die ausserdüsseldorferische Ansicht über die Kunststadt Düsseldorf, wenigstens was die bildenden Künste angeht, einer kräftigen Revision unterzogen werden muss. –

Nehmen Sie auch, wenn auch post festum, meine herzlichen Wünsche für Ihre demnächstige neue Wirksamkeit entgegen. Gerade wir Jungen, die durch Ihre Arbeit jahrelang die einzige schöne Anregung in dieser an- und aufregungslosen »Kunststadt« gehabt haben, werden am freudigsten und lautesten das Ende des Interregnums und Ihre Wiederkehr begrüßen. –

Mit einem schönen Gruss an Sie und Ihren Herrn Gemahl bin ich Ihr

stets ergebener

Uzarski

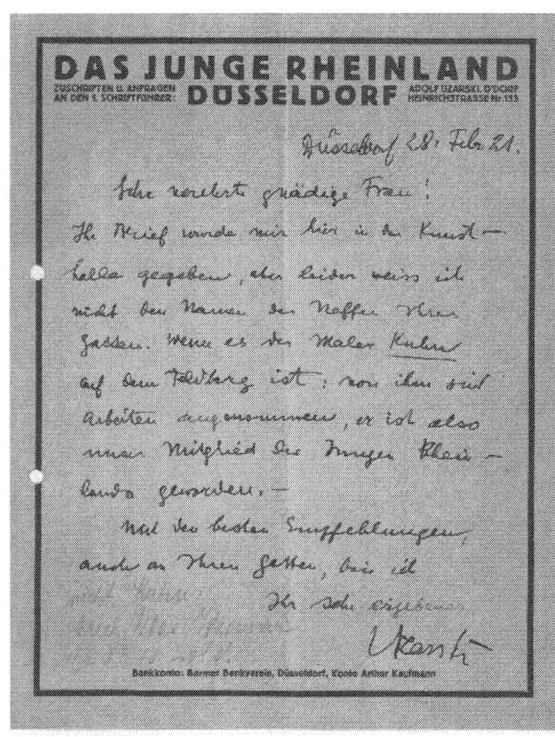

Adolf Uzarski an Louise Dumont, Düsseldorf 28. Februar 1921

Düsseldorf 28. Febr 21.

Sehr verehrte gnädige Frau!
Ihr Brief wurde mir hier in der Kunsthalle gegeben, aber leider weiss ich nicht den Namen des Neffen Ihres Gatten. Wenn es der Maler <u>Kuhn</u> auf dem Feldberg ist: von

ihm sind Arbeiten angenommen, er ist also unser Mitglied des Jungen Rheinlands geworden. –

Mit den besten Empfehlungen, auch an Ihren Gatten, bin ich
Ihr sehr ergebener
Uzarski

Mit Bleistift von fremder Hand ergänzt:
nicht Kuhn, Erich Glas Weimar

2. Texte aus der Zeitschrift »Das Junge Rheinland«

Adolf Uzarski

Geboren bin ich am 14. April in Inowrazlaw. Korfanty ist mein Großonkel, der Bischof von Czenstochau meine Tante. Mein Vater war jüdisch, meine Mutter mohammedanisch: daher bin ich katholisch. Bis zu meinem 30. Lebensjahre hütete ich die Dorfschweine, weshalb ich heute mit den Stadtschweinen leichter fertig werde. Dann hatte ich ein künstlerisches Erlebnis und wurde Maschinenschlosser. Schulte mich vor allem an Michelangelo. In meinem 42. Jahre traf mich ganz unvermutet am Nachmittage des 13. August der göttliche Funke, worauf ich Maler wurde. 20 Jahre in diesem Beruf haben mich auf den Gipfel der Berühmtheit gebracht: Werke in den Museen zu Kettwig v. d. Brücke, Pforzkirchen, Schwelm, Miesbach und in Meyers Verpackungslokal, Dr. h. c. der medizinischen Fakultät in Gütersloh, Träger des Verdienstkreuzes für Kriegshilfe. Strebe nach der Akademieprofessur, weshalb ich seit siebzig Jahren auf die Akademien schimpfe. Erfreue mich größter Beliebtheit von meiner Waschfrau bis zu dem Herrn Oberbürgermeister. Habe unter dem Namen Courths-Mahler einige hundert der besten deutschen Romane geschrieben. Bin politisch deutschnational bis auf die Knochen und Ehrenmitglied des Deutschvölkischen Schutz- und Trutzbundes.

Briefe aus Mpua-Mpua

Erster Brief aus Mpua-Mpua*)

Digetam toko lo mentalität afurtam isyet ip boghol päng päng dya zagal querschnittser ongwan ganef.
Kau obo lo yohimbin torb onom a-sudsch-me geseires.
Afur lama ip ki-tatquanen li peinture tessab leh somsom fa maitumbe fa labatun krotolschek lo artam tochus.
Tinef-lo-Kunsthändler.
Ol ginjan moran lah excremental-kritik el aisoisoi en naschar en picasso en laurencin en jontef.
Ol montonj on giá l'inerusta ol ugaru geri oiber mpua-mpua o asch o horribili-scribifax en dermugusi toko rumurum m' chuzpe.
O flechtheim o sch'lamassel.

Mpua-Mpua. 1. X. 1921
Hindenburgwall 11

Al'fred nebbich

*) Um ihm nicht den Charme des Originals zu nehmen erscheint dieser Beitrag im Urtext.

Zweiter Brief aus Mpua-Mpua

(Der erste Brief aus Mpua-Mpua hat uns eine solche Fülle von Anfragen nach Übersetzung eingebracht, daß wir es doch vorziehen, die weiteren Briefe nicht mehr im Original, sondern übersetzt zu bringen.)

Liebe Stadtverwaltung!
Nach Empfang der mir freundlichst angewiesenen Reisespesen bin ich sofort nach Mpua-Mpua gefahren und hier glücklich angekommen. Es ist schönes Wetter.
Der Häuptling Museumsdirektor Mawumbi, der selber eine schöne Sammlung hiesiger primitiver Kunst hat, war genau unserer Meinung, daß die Gegensätze innerhalb der Düsseldorfer Künstlerschaft unserem Plan zugute kommen, anstelle der geplanten Großen Kunstausstellung eine solche von Negerkunst zu veranstalten.
Auch der Häuptling Prof. Dr. Eng-Adjinanjugi am Kiminde wird uns den besten Teil seiner prachtvollen Sammlung zur Verfügung stellen.
Sie sehen also, daß wir auch Kunstausstellungen ohne Künstler machen können, was ich ja von vornherein als das Beste betont habe.
Alles Nähere demnächst.
Mpua-Mpua, 25. Nov. 21.
Mit herzlichem Gruß
Dr. med. Estéban
Städtischer General–Kunstmanager
P.S. Bitte nochmals: Streng vertraulich! Damit die Künstlerschaft nichts merkt!
D.O.

Dritter Brief aus Mpua–Mpua

Sehr geehrte Redaktion!
Gestatten Sie, daß ich Ihnen diesmal von einem musikalischen Stückchen schreibe, das sich letzthin in unserem
Dorfe zugetragen hat. –
Ein junger Kritiker hat es gewagt, im »Mpua-Mpuaer
Tageblatt« von einem Konzert unseres Musikvereins
(den Sie sich übrigens einmal anhören sollten; niemand
kann einen so prachtvollen Spektakel machen wie er) zu
schreiben: Der Chor habe schlecht gesungen! Jawohl! –
Zwar behaupteten andere Leute, die etwas davon verstehen, der junge Kritiker habe ganz recht gehabt und das
sei eine Schlamperei; aber, ich frage Sie, kann sich das
unser Generalmusikdirektor, Meister Panzner, gefallen
lassen? – Na, er schrieb denn auch an das »Mpua-
Mpuaer Tageblatt«: So und so und wenn es nochmal
wage, eine solche Kritik zu bringen, lege er sofort seinen
Taktstock nieder!! –
Das »Mpua-Mpuaer Tageblatt« schäumte. Was, man
wollte ihm das Recht der Kritik beschneiden? Man
wagte, ihm Vorschriften zu machen? Man zeigte so wenig Respekt vor der Presse, sogar zu drohen? usw.; na,
meine Herren, Sie wissen ja, die Presse läßt sich nichts
gefallen! – Und das »Mpua-Mpuaer Tageblatt« tat seine
Pflicht – es entließ den jungen Kritiker und weinte dicke
Reuetränen! –
Worauf der Chor unserem Meister Panzner eine Ovation
bereitete, ihm einen vergoldeten Kranz mit vergoldeter
Schleife und der vergoldeten Inschrift: »Es sind die
schlechtesten Früchte nicht, woran die Wespen nagen!«
überreichte, und sich entschuldigte, daß man den dem
Meister einzig gebührenden Lorbeer im ganzen Dorf leider nicht habe auftreiben können.
Und er beschloß, von nun an zum Trotz gegen die Kri-
tiker noch viel, viel schlechter zu singen, so schlecht, daß

selbst Meister Panzner es nicht mehr aushalten könne. – Doch wird allgemein bezweifelt, daß dem Chor das gelingt.

Mpua-Mpua, 1. März 1922.

Mit herzlichem Gruß

Ihr Nonplusultra
ehem. Bremer Stadtmusikant

Glatte Landung

Die Düsseldorfer Kunsthalle hat wieder gesprochen. Sie hat der Welt gezeigt, was in Düsseldorf ›Humor‹ bedeutet. Hei! Wie sprüht hier Geist, Laune und Satyre! Wie köstlich klebt doch Herr Prof. Altmeister Dr. h. c. v. Gebhardt, Exzellenz, silberne Markstücke als Brillengläser ein! Das ist ja entzückend: Silberstücke statt Brillenglas, heil dem Meister! Und das Spekulatiushündchen an der Kette. Das ist Humor! Das ist Düsseldorf! Das ist Düsseldorfer Humor!
Ha, welcher Geist sich auf dieser Wand hier offenbart: Da hängt ein Malerkopf mit einem Bart, mit einem (!) Bart (!), mit (!) einem regelrechten (!) Bart!! Mein Zwerchfell schüttert: Bravo, tapferer Schöpfer! Und nun dort: Ein sinnendes, trauriges Männerbildnis, welch köstlichster Humor! Das ist ja so witzig, wie der Moses von Michelangelo auf einer Bilderschau ›Römischer Humor‹. Kurz: Man lacht sich krank, und es schüttelt einen ob der Bildnisse von Gerhard Janssen oder Walter Petersen (der süße pralinélutschende Humor), die je eine Wand witzig bekleiden.
Nur noch Kleinigkeiten. Am Eingang steht ein Figürchen, das ist von – Wilhelm Lehmbruck. Hier sickerte mir eine salzige Träne auf die Backe. Seine Meisterwerke

wurden seinerzeit in der hiesigen Akademie mit Schmutz beworfen, seine schwachen Stunden zerrt diese Stadt des Humors in die öffentliche Ausstellung.

Im größten der Säle hängt ein Ballonunglück. Ich weiß nicht von wem gemalt. Aber der Maler ging mit Ernst an seine Arbeit, und er hat seine zweifellose Absicht erreicht, daß man noch in der Betrachtung des Bildes schaudert. Als ich auch hier lange nach dem Düsseldorfer Humor gesucht hatte, kam mir der rettende Gedanke: Kaufe dir den Katalog. Gedacht – getan. Da stand es schwarz auf weiß: Nr. 361, Glatte Landung. Da lachte ich mich kaputt und wurde drei Tage später begraben.

3. Sport (1927)

Heute, wo ich ein ganz erstklassiger Sportkenner bin, darf ich ja, ohne mich unsäglich zu blamieren, es sagen, daß ich vor drei Wochen noch nicht wußte, wer Kemmerich aus Emmerich war. Und ich kann mich nur mit tiefster Beschämung erinnern, wie man neulich in einer Gesellschaft von mir abrückte, weil ich sagte, daß ich wohl schon viele Diener mit baumwollenen, aber noch keinen mit Zwölf Unzen-Handschuhen gesehen hätte und überhaupt fände, daß eine Serviette ganz genüge, damit ihnen der Daumen nicht in die Suppe rutsche.

Na ja, so was ist natürlich furchtbar traurig, und ich will mich deshalb nicht länger dabei aufhalten. Genug, daß ich, wie gesagt, heute ein ganz erstklassiger Sportkenner bin und den Sport gerade deshalb so sehr liebe, weil man zu dieser Kennerschaft nicht die geringsten Kenntnisse und vor allem keinen Verstand zu haben braucht. Denn was man so Sportverstand nennt, ist kein Verstand im ordinären Sinne. Es ist etwas ganz Hohes, etwas ganz, ganz – – kurz, man gewinnt ihn aus Zeitungen.

Also: nachdem ich mit Eifer einige Tage lang alle erreichbaren Sportblätter und Sportteile in Zeitungen mir einverleibt hatte, fand ich mich gebildet genug, Sportveranstaltungen ohne Scheu zu besuchen.

Zuerst den Herrn König von Fußball. Bei diesem herrlichen Sport versuchen auf einem großen Platz eine Anzahl fesch angezogener Leute männlichen Geschlechts gegenseitig sich so geschickt in die Hacken zu treten (»fähr pläh«), daß der Herr »Unparteiische« nichts merkt. Dieser ist ein etwas beleibter Herr, dessen Aufgabe es ist, immer hin und her zu laufen, bis ihm die Zunge zum Halse heraushängt (»Stehvermögen«), und auf einer Flöte zu flöten, wenn er was merkt. Merkt er nichts, gerät er in die Gefahr, vom sportkennerischen

Publikum zu einem übeldünstenden Gehackten verarbeitet zu werden (»massieren«), merkt er zuviel, hält ihm einer dieser weltberühmten »Tull« oder »Killekille« die nervige Faust unter die Nase und sagt ihm mit Freundlichkeit, daß er ihm »verdammten Schwein« eine runterhauen werde, daß ihm .... koche (»zentern«). Was dann der Höhepunkt des Spieles ist und die Zuschauer zu begeisterten Hochrufen verleitet. Nebenbei ist dann da noch ein Ball, der so lange getreten wird (»dribbeln, komponieren«), bis er entweder einer zuschauenden Dame den Schirm zerschmettert (sog. Schmetterball) oder an dem »Johlkieper« vorbei in ein Netz fliegt (»eine Packung beziehen«). Welches Netz man »Johl« (weil das Publikum dann johlt), »Kasten«, »Bude« und »Heiligtum« nennt.

Das Tennisspiel wird von Banausen sehr zu Unrecht »laffer Tünnes« genannt. Es ist auch ein sehr schöner Sport, der besonders bei den Damen außerordentlich beliebt ist, weil man dabei nicht nur sehr aussichtsreiche Herrenbekanntschaften, sondern auch mit kurzen Röckchen, Augenschirmen, Stirnbinden und so weiter eine hübsche Figur machen kann. Das eigentliche Tennisspiel spielt dabei eine etwas untergeordnete Rolle. Es besteht darin, daß man mit einem Schläger (sog. Crokant) einen Ball über ebenfalls ein Netz schlägt (»durch die Seile klettern«), der dann von einem kleinen Jungen aufgelesen wird. Manchmal spielt auf jeder Seite des Netzes eine Dame. Das nennt man dann »Doppelfehler«.

Ganz ähnlich ist der edle Boxsport, bei dem auf einem viereckigen Podium (deshalb »Ring« genannt) zwei Freunde sich so lange auf die gegenseitigen Nasen oder in die Augen schlagen (»Vorhandschlag«), bis einer »für die Zeit auf die Bretter geht«. Laien glauben, daß das sehr weh tut. Aber das ist keineswegs an dem, solange nur der Kopf, nicht edle Körperteile (»Rückhandschlag«) zerschlagen werden. Den letzteren Fall nennt man einen

»verbotenen Griff«, der nur dann erfolgreich angewandt wird, wenn der sogenannte »Totalisator« es nicht sieht. Der betroffene Boxer hat dann »Schlagserie«, zählt bis zehn, umgürtet sich mit dem »Blauen Band«, sammelt seine Augen und Backzähne, wird feierlich ins Lazarett geschafft und darf sich nun »Champignon« nennen. Es ist eine der feinsten Sportarten, wo man hat.

Pferderennen beruhen darauf, daß ein Pferd schneller laufen kann als das andre (»die Eisen zeigen«). Tausende und aber Tausende gehen jahrein jahraus, um dieses seltene Naturschauspiel sich anzusehen (»tippen«). Ein Schah von Persien soll es gewußt haben, ohne es je gesehen zu haben; aber das ist natürlich ein orientalisches Märchen. Das am schnellsten laufende Pferd kommt bei diesem Sport zuerst am sogenannten »Toto« an, wird »Außenseiter« genannt, und seine Äpfel stellen die begeisterten Leute unter Glas und Rahmen zu Hause aufs Vertikow. Den eigentlichen Fachmann bei Pferderennen erkennt man am umgeschnallten Operngucker und den auf dessen Riemen genagelten Talern, die ihm eine gewisse Aehnlichkeit mit den Kellnerinnen aus »Oberbayern« verleihen. Hinter dem Rennplatz stehen kleine Häuschen, an denen man sein Bedürfnis, Geld zu verlieren, verrichten kann. Manchmal gewinnt man auch. Aber das sind immer nur solche Leute, die von Pferden nichts verstehen. Mit einer Ausnahme: der Staat gewinnt immer, weil er es, ohne ebenfalls von Pferden etwas zu verstehen, versteht.

Die, wie man so sagt, »Pièce de Residangs« ist die Leichtathletik. Bei diesem Sport läuft man das Rennen seines Lebens, springt den Sprung seines Lebens und wirft den Wurf seines Lebens. Wer es am besten kann, gewinnt (»Weltmeister«), der andere verliert (»Altmeister«). Peltzer, Schmitz, Houben, Meier, Huhn, Hahn, Katz, Dobermann — — bedarf es noch weiterer Namen! — — sind heute in aller Munde, und ihre Bilder verschönen die trauten Heime unseres Volkes. Und solange unsere Dichter und Künstler die hundert Meter nicht unter 12 mindestens »sprinten« und unsere Gelehrten und Wissenschaftler die Sieben-Meter-Grenze im Hochsprung nicht bewältigen können, ist ihre Existenz vollkommen wertlos (»im toten Feld enden«). Sie täten besser, zu laufen, zu springen, massieren, trainieren, den Speer zu schleudern und den Diskus, anstatt Bücher zu schreiben, die niemand liest, Bilder zu malen, die niemand ansieht, und Dinge zu denken, die niemanden interessieren. Seid Peltzers, Houbens, Hühner, Hähne und Katzen, und ihr werdet die ewige Seligkeit haben. Denn sie säen nicht und ernten nicht und der liebe Gott ernährt sie doch (sog. »Reisespesen«).

Noch unendlich viel Sportarten gibt es. Und sie sind alle gleich herrlich. Das Sechstagerennen, das man, wie »König« den Fußball, »Kaiser« nennen sollte, Jiu-Jitsu, bei dem man einem anderen ein Bein ausreißen kann, ohne daß es einem irgendwie wehe tut, oder Golf, Poker, Segeln, Kegeln, Wettrauchen usw. usw. Wer wüßte nicht von Vierköter, der uns ermöglicht hat, zu berechnen, wie lange e i n Köter braucht, um über den Kanal zu schwimmen? Steht nicht »Nurmi« auf jedem Gummiabsatz? Sitzt irgendwo auf weltentlegenster Insel ein Barbar, der nichts vom »blonden Hans« weiß, ihn vielleicht sogar mit dem »klugen Hans« verwechselt (furchtbar auszudenken, da doch Blondheit weit über Klugheit geht)?

Wie bekannt wären zum Beispiel Beethoven (Maler) und Rembrandt (Anatomiker), wenn sie auch vierzig Pfund Bananen auf einen Sitz hätten fressen oder sechsunddreißig Stunden hintereinander hätten tanzen können? – Zwar sogar sie erkannten den Sport als die edelste menschliche Beschäftigung. Denn singt nicht Schiller (Musiker) »Hoch im Bogen fliegt der Eimer« (Weltmeister 1784/85), oder Eichendorff (unbekannt) »Und ein wunderschöner Knabe schifft hoch über Tal und Kluft«

(Lindbergh) und Heine (Würstchenfabrikant) »Er möchte in die Schranken reiten« (Mah Jong beim Deutschen Derby). Aber sie verstanden nicht, in ihrem kleinen Kreise die Rekordzeiten auch nur annähernd zu erreichen, und bleiben deshalb ewig, was sie sind: unbeachtete Zwerge gegenüber den umjubelten Riesen unserer herrlichen Zeit.

In vierzehn Tagen wird die Weltmeisterschaft im Hoch- und Weitspucken ausgetragen. Ich werde, sofern die hunderttausend Billetts nicht jetzt schon ausverkauft sind, an dieser Stelle fünf Seiten lang darüber berichten. Sport-Heil!

4. Kurschildgen (1930)

Das ist ein kleiner Färbergeselle aus Hilden bei Düsseldorf. Behauptet, Gold aus Gartenerde machen zu können. Wird von Sachverständigen geprüft, Resultat: achtzehn Monate Gefängnis.

Soweit ziemlich uninteressant in einer Zeit, in der Schwindel zu ihrem Ausdruck und Leitmotiv geworden ist. Interessanter schon ist die stolze Reihe der Hineingefallenen: ein Hochschuldozent, Professor, Doktor gar, ein richtiggehender Graf, Geschäftsführer der deutschnationalen Partei Düsseldorf, ein Hauptmann a. D., ein weiterer Doktor, Leiter des Instituts für Arbeitsforschung, ein amerikanischer Bankier, ein englischer Ingenieur, undsoweiter undsoweiter. Die haben dem Manne geglaubt, glauben zum Teil noch heute an ihn, haben bedeutende Summen gegeben, Hunderttausende, ganze Vermögen an ihn verloren. Na ja, was Kurschildgen machte, war aber auch kolossal. Sie brachten ihm aus ihren Gärten Erde – man sieht im Geiste den Herrn Professor Doktor mit einem Körbchen Gartenerde nach Hilden fahren –, Kurschildgen tat sie in eine Flasche, leitete einen Strom hindurch – päng, Gold! Einer gibt eine silberne Uhrkette – eins, zwei, drei, Geschwindigkeit ist keine Hexerei, Kurschildgen läßt vor den Augen des fassungslos Beglückten eine goldene baumeln. Also Gold gab ich für Humus, Gold gab ich (nun, wo der Silberstreif am Horizont undsoweiter) für Silber – da sollen nationale Männer, Hochschulprofessoren, Grafen und Hauptleute a. D. skeptisch sein? Ausgeschlossen.

Aber nun kommts erst: Der Professor Doktor Hennig, der Graf Perponcher, der Hauptmann a. D. Aschenborn, ein Architekt Koch, Mitglieder und Führer der deutschnationalen Partei in Düsseldorf, haben eine grandiose Idee. Eine Idee, wie sie nur einmal in Jahrhunderten und

nur von Genies geboren wird. Sie wollen mit Kurschild-
gens Gold – die Reparationsschulden Deutschlands be-
zahlen! Ah, ah, das ist Sache. Wie werden wir dastehen.
Die deutschnationale Partei und wir in Düsseldorf im
besondern. Wie wird das deutsche Volk jubeln. Endlich
einsehen, wo die wahren Retter des Vaterlandes sitzen.
Hurra, Hurra, Hurra, Ruhm und Ehre, Sieg und Tri-
umph.
Sie wenden sich an Papa Hugenberg. Papa Hugenberg
betraut mit der Prüfung seinen vertrauten Kapitän
Mann. Also mit Hugenberg, und ein Mann sogar ist bei
der Partie – meine Herren, na klar, nun können die herrlichen Zeiten ja nicht anders, sie müssen anbrechen.
Deutschland wird morgen auf Bergen von Gold, von
Gold des Färbergesellen Kurschildgen, erwachen. Wer
nur einen Quadratmeter Schrebergarten hat, ist morgen
Millionär. Denn Gartenerde muß es sein, der landläufige
deutsche Dreck kommt nicht in Frage.
Aber das mit dem Schrebergarten hat nun auch wieder
seine bedenklichen Seiten. Wenn jeder Prolet – »Ist
nicht einmal die Rede gewesen von Lastwagen, die das
Gold nach Holland schaffen sollten?«
Nach Holland. Aha. Ausgerechnet nach Holland.
Was diese klugen Helden nun eigentlich mit all dem
Gold gemacht hätten, wenn nicht ein böser Staatsanwalt
zu früh für die Apotheose der deutschnationalen Partei
Kurschildgen am Kanthaken genommen, ist nicht klar
geworden. Reparationsschuldenbezahlung oder Lastwa-
gentransport nach Holland? Ich hätte Holland getipt.
Ein totsicherer Tip. Denn die deutschen Reparations-
schulden mit gutem Kurschildgenschem Gold zu bezah-
len – du lieber Gott, Herr Hugenberg, seit wann gibt es
in Ihrer Partei Idioten? Sie sollten da mal mit eisernem
Besen hineinleuchten!
Ein kleiner Färbergeselle: nur ein Anfänger im großen
deutschen Schwindlergewerbe. Grafen, Professoren,

Hauptleute, Doktoren und Leiter wissenschaftlicher Institute ...

5. Nach dem 2. Weltkrieg. Zwei Briefe

Adolf Uzarski an Herbert Eulenberg, Düsseldorf, 25. September 1945

Düsseldorf, 25. Sept 45
Schwerinstrasse 33

Lieber Herr Doktor!

Ohre Vorrede und Umschweife: Wollen wir nicht den Immermannbund als Mittel- und Sammelpunkt des Düsseldorfer Kulturlebens und -schaffens wieder aufleben lassen? Ich brauche am wenigsten Ihnen weitschweifig auseinanderzusetzen, wie notwendig gerade jetzt und zukünftig eine solche Vereinigung ist und sein wird. Wie notwendig auch, dass gewissen schon »tätigen« Bestrebungen, mit Zustimmung ebenso ahnungsloser wie bürokratisch-amusischer Behördenspitzen egozentrischen und opportunistischen Ambitionen unter dem Deckmantel der Kulturförderung eine bestimmende Position zu verschaffen, das Wasser abgegraben wird.

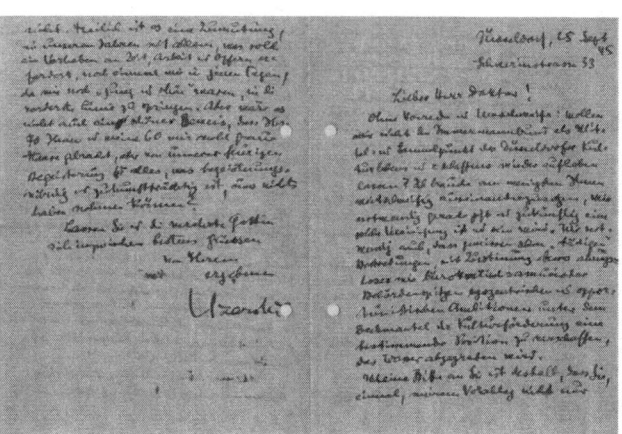

Meine Bitte an Sie ist es deshalb, dass Sie einmal, meinem Vorschlag nicht nur zustimmen, sondern auch seiner baldigen Verwirklichung Ihre Hilfe und Mitarbeit angedeihen lassen, zum anderen, überlegen, welche Leute für die Gründung und ersten Besprechungen aufgefordert werden könnten. Denn dies – scheint wenigstens mir, der ich erst kurze Zeit wieder »im Lande« bin, zu kurze Zeit, um mehr als den einen und anderen guten Mann nennen zu können – ist die einzige Schwierigkeit: eine Handvoll Menschen zu finden, die aus Idealismus und wirklich um der Sache willen sich herzugeben und Arbeit zu leisten bereit sind. Ich denke da beispielsweise an den braven Hedler – dem übrigens, wenn der neue Immermannbund auf wirtschaftlich gesunde Füße gestellt werden kann (woran ich bei dem heutigen – ich will es mal so nennen – Kunsthunger der Masse nicht zweifle), mit der Geschäftsführung eine schöne und befriedigende Aufgabe gegeben werden könnte.

Was dieser Bund zu tun und zu leisten hätte, ist vielfältig und wichtig genug. Und nicht nur Vorträge, Vorlesungen, Kammermusiken, Studio-Aufführungen dramatischer Art usw müssten es sein, mindestens so wesentlich wäre der bestimmende Einfluss, der gegenüber den Behörden, dem Kunst- und Theaterbetrieb, kurz jeglichem Kulturgebahren genommen werden müsste, wenn nicht die schon viel zu lebendige Unzulänglichkeit ein Dauerzustand sein und sich damit in eine gleicherweise beherrschende wie unerträgliche Machtposition schmieren soll.

Man hat mir heute morgen die begeisterte Zustimmung und Mitarbeit der Presse in Aussicht gestellt, und mit um so mehr Feuer, als man auch dort mit Missbehagen beobachtet, in welch ein Subalterntum die Düsseldorfer Kulturangelegenheiten schon geraten sind und wie Düsseldorf gegenüber dem anderswo mit weitaus geringeren

117

Mitteln, aber verantwortungs- und kunstbewusst Erreichten eine nicht länger tragbar kümmerliche und beschämende Rolle spielt.

Versagen Sie sich darum, lieber Herr Doktor, meinem Vorschlag und meiner Bitte nicht. Freilich ist es eine Zumutung, in unseren Jahren mit allem, was solch ein Vorhaben an Zeit, Arbeit und Opfern erfordert, noch einmal wie in jenen Tagen, da wir noch »jung und schön« waren, in die vorderste Linie zu springen. Aber wäre es nicht auch ein schöner Beweis, dass Ihre 70 Ihnen und meine 60 mir wohl graue Haare gebracht, aber von unserer feurigen Begeisterung für alles, was begeisterungswürdig und zukunftsträchtig ist, uns nichts haben nehmen können?

Lassen Sie und die verehrte Gattin sich inzwischen bestens grüssen

von Ihrem

Ergebenen

Uzarski

Adolf Uzarski an Arthur Kaufmann, Düsseldorf, 7. September 1954

Mein lieber Arthur!

Mir ist schon lange so als sei ich Dir eine Antwort auf einen Brief schuldig, kann aber gar nicht daraufkommen, um was es dabei ging; und dass ich Deinen Brief bei dem Wust von Korrespondenz, der sich in all den Wochen angesammelt hatte, herausfinde, ist vorderhand unmöglich. Nimm die Antwort daher als bekommen – Weltbewegendes würde sie ja sowieso nicht zu erörtern gehabt haben. –

Unsere Tessinreise, so wunderschön der Aufenthalt in Cavigliano vor allem war, endete mit einem Knalleffekt: in Luzern im D-Zug wurde ich beim Durchschreiten der Waggons in ein Gedränge dreier Herren verwickelt – ich wüsste nicht mich zu erinnern, wie das überhaupt vor sich ging – und als ich mich entwunden hatte, war meine Brieftasche weg. Mit allen Papieren, Pass, Ausweisen usw und 1600. – in Banknoten und Schecks. In Basel nahm sich die telegraphisch orientierte Staatsanwaltschaft unserer an, ich fand aus ca 800 Verbrecherfotos den mir als mich besonders bedrängend aufgefallenen ›Herrn‹ sofort heraus – einen staatenlosen Hochstapler –, der deutsche Generalkonsul half mir mit geliehenen 25. –francs aus, und so fuhren wir denn in der Nacht noch – die Rückfahrkarten bis D'dorf hatte ich zum Glück in der Tasche – höchst deprimiert nach Hause, anstatt, wie vorgehabt, gemächlich und mit Aufenthalten heimwärts zu gondeln. Eine Hoffnung bleibt mir nun noch, dass nämlich die Bande die beiden Schecks über je 500.-frcs nicht zu präsentieren gewagt hat, und ich sie, resp. den Gegenwert, nach ihrem Gültigkeitsablauf im Juni nächsten Jahres zurück bekomme. Die 600.- in Scheinen aber sind perdus. Und die Moral von der Geschichte: Sparen-wollen und Sparen zahlt sich nicht aus.

Ich hatte beruflich in Berlin zu tun, und so fuhren wir denn nach einem Tag Aufenthalt in D'dorf dorthin. Über meine Eindrücke dort, namentlich von dem mehr-mals besuchten Ostsektor, demnächst ausführlicher.

In der Kunsthalle ist augenblicklich eine Ausstellung von Werken aus dem Museum Sao Paulo; gesehen habe ich sie aus Mangel an Zeit noch nicht, doch machen mich die angegebenen Namen und Brinks Bericht über sie sehr begierig. Der gute William hat mich übrigens sehr amüsiert durch seine der Stadt gegenüber gemachte An-gabe – er will eine Wohnung haben – dass er mit mir zusammen das Junge Rheinland gegründet habe. Und er »erinnerte« mich daran, dass er noch im Schützengraben schon diesen Plan mit mir brieflich erörtert hätte. Ich erinnere mich zwar keineswegs, wohl aber daran, dass ich ihn erst lange nach der Gründung eingeführt habe. Doch mag er bei seinem Glauben schon deshalb bleiben, weil er nicht allein ihn vorbringt, sondern die diesbezügli-chen Anspruchserheber immer zahlreicher werden – es gibt kaum noch einen Düsseldorfer Aussteller, der es nicht für nützlich hält, in seinem ›Lebensweg‹ anzufüh-ren, dass er Mitgründer des J.Rhlds war.

So hat auch Heinz May – Gott habe ihn selig! – mir noch kurz vor seinem Ableben gesagt, dass Du zum Beispiel erst nachher dazugestossen seiest, nachdem er und ich und Gottschalk und ich weiss nicht mehr wer noch im – Schiffchen den Plan gefasst und ausgeführt hätten. Das ist alles, da der Vorgang ja glasklar ist, sehr drollig, weil der Anspruch zum Teil von Leuten kommt, die damals wie während der Bestehenszeit des Jungen Rheinlands immer nur mit Vorsicht und sich vor jeder Verantwor-tung drückender Zurückhaltung dabeigewesen sind. Aber soll man nun deshalb richtigstellen? Sagen, dass Hundt, Szekessy usw usw keineswegs Gründer waren,

120

sondern es gewesen zu sein heute für opportun und vorteilhaft halten, weil das Junge Rheinland und seine Gründung inzwischen als eine der wesentlichsten Faktoren in der Historie der Düsseldorfer Kunstentwicklung erkannt worden sind und gelten? Ich denke, wir sollen ihnen den Spass lassen; Geschichtsfälschung ist nun mal ein altes Brauchtum und geschieht in noch ganz anderen Bezirken, als dass wir uns über die Eskamotierung unserer Priorität gross alterieren sollten. Lassen wir die »Gründer« deshalb ihr Geschäft damit betreiben, und mag uns das Bewusstsein und der einzig von uns zu erbringende Beweis, das Junge Rheinland ins Leben gerufen zu haben, genügen.

Im Herbst kommt in einem Berliner Verlag ein Buch von mir, eine Satirensammlung, heraus. Und ebenso hier in Düsseldorf eins von meinen vor 33 erschienenen. Beide werden Euch zu gegebener Zeit zugehen. Und im nächsten Jahr wird »Die Insel« herauskommen, gleich in einem halben Dutzend fremdsprachiger Ausgaben und einer entsprechend hohen Auflage. Womit ich denn endlich wieder vor eine breite Öffentlichkeit trete. Leider in einem Alter, das mir zum materiellen Genuss meiner Arbeit nicht mehr viel Aussichten lässt.

Und wie steht es mit Dir und Deinen Erfolgen? Werden wir Dich im Frühjahr 55 wieder hier sehen? Hoffentlich sind wir dann da! Denn wir wollen und werden – aus diesen und jenen, oben entwickelten, Gründen – ausgiebig reisen, um wenigstens das von der Umwelt noch mitzunehmen, was sie uns heute zu sehen erlaubt, und so lange es noch Tag ist.

Lasse bald von Dir und Euch hören – wie geht es Lisbeth? – und seid inzwischen herzlichst gegrüsst von Frieda und

Deinem Uz

Anhang

Nachwort

Adolf Uzarski (1885-1970) war ein Multitalent, das in unterschiedlichen Künsten und Tätigkeiten zu Hause und erfolgreich war. Geboren wurde er in Ruhrort, damals noch selbständige Nachbargemeinde von Duisburg. Nach der mittleren Reife und einer widerwillig absolvierten Lehre als Maurer und Zimmermann besuchte er auf Wunsch der Familie die Baugewerbeschule in Köln, die er 1904 abschloss. Nach zwei Jahren im Meidericher Bauamt meldete er sich, kaum volljährig geworden, 1906 an der Kunstgewerbeschule in Düsseldorf an, die damals unter der Leitung von Peter Behrens eine echte Konkurrenz zur Kunstakademie darstellte. Von besonderer Bedeutung für Uzarski wurde der Grafikdesigner und Schriftgestalter Fritz Helmuth Ehmcke, der bis 1913 an der Kunstgewerbeschule unterrichtete. Ehmcke weckte das Interesse seines Schülers für die Gebrauchsgraphik, und Uzarski begann noch vor seinem Abschluss damit, für Kaufhäuser in Düsseldorf und Köln im Bereich der Werbegraphik zu arbeiten und so seinen Lebensunterhalt zu bestreiten. Gleichzeitig richtete er sich ein Atelier ein, in dem er als freier Maler arbeiten konnte.

Wegen einer körperlichen Beeinträchtigung war Uzarski vom Kriegsdienst befreit; er litt unter einer Verkrümmung des Rückgrats, was auf dem Porträt, das Otto Dix 1923 von ihm anfertigte, deutlich zu erkennen ist.[1] Zunächst begrüßte er, wie viele andere deutsche Intellektuelle und Künstler, den Ersten Weltkrieg enthusiastisch, um sich aber schon wenig später entschieden gegen den

---

[1] Original im Kunstmuseum Düsseldorf.

Krieg auszusprechen. Bereits während der Kriegsjahre trat er als Künstler vor ein größeres Publikum und stellte 1916 zusammen mit dem ihm befreundeten Maler Arthur Kaufmann in der Düsseldorfer Kunsthalle aus; 1917 und 1918 war er jeweils in Ausstellungen im Düsseldorfer Kunstpalast vertreten. Die 1920er Jahre waren dann in jeder Hinsicht die Glanzjahre in Uzarskis Karriere. Er rückte vor in die erste Reihe der rheinischen Künstler, war in Düsseldorf in der Galerie von Alfred Flechtheim und im Laden der bekannten »Künstlermutter« Johanna Ey zu sehen, aber auch in Museen im gesamten Rheinland. Gefragt war er weiterhin als Gebrauchsgraphiker, illustrierte Bücher, entwarf und gestaltete Plakate, Inserate, Werbemarken und Exlibris. Für Malerfeste schuf er aufwändige Dekorationen und für das Düsseldorfer Schauspielhaus unter der Dumont/ Lindemann-Intendanz Bühnenbilder und Kostüme. Diese Arbeiten sicherten ihn finanziell ab und ermöglichten ihm einen gewissen Lebensstandard, zu dem z.B. ausgedehnte Auslandsreisen gehörten.

Nachdem er mit kürzeren Texten in Düsseldorfer Zeitungen, insbesondere dem »Düsseldorfer General-Anzeiger«, der dann zu den »Düsseldorfer Nachrichten« wurde, erste Erfahrungen als Autor gesammelt hatte, begann Uzarski seit 1919 umfangreiche satirische Romane zu publizieren, die er durchweg üppig mit Illustrationen versah und die teils hohe Auflagen erreichten. Bis 1930 brachte er es auf insgesamt zehn Titel; die meisten erschienen im Münchner Delphin-Verlag. Daneben veröffentlichte er weiter in Zeitungen und Zeitschriften Texte unterschiedlicher Machart und arbeitete für den »Westdeutschen Rundfunk«, der 1932 drei Hörspiele von ihm brachte.[2] Seit 1924 schuf er eine Reihe von Bilderbüchern für den Mainzer Scholz-Verlag, gestaltete darüber hinaus Ausmalbücher und Quartettspiele. Gelegentlich trat Uzarski auch in Zeitschriften als Karikaturist auf und kombinierte ein Bild mit einer witzigen oder kritischen Textzeile. 1929 erschien eine Bildergeschichte für Erwachsene, die satirisch den deutschen Militarismus attackiert und die er später wieder aufnahm und noch einmal ausbaute.[3]

In den Jahren nach dem Ersten Weltkrieg war Uzarski aber nicht nur ein erfolgreicher Werbegraphiker, Künstler und Autor, er war zugleich ein höchst umtriebiger und vielbeschäftigter Organisator. Ende 1918 verfasste er gemeinsam mit Arthur Kaufmann und dem Düsseldorfer Schriftsteller Herbert Eulenberg einen Aufruf zur Gründung eines Vereins junger Künstler, der dann am 24. Februar 1919 unter dem Namen »Das Junge Rheinland« ins Leben trat. Uzarski gehörte dem Vorstand an und übernahm die Funktion des Schriftführers. Er vertrat den Verein in Gremien und Hängekommissionen und kämpfte an vielen Fronten für den Durchbruch der jungen Kunst. 1922 war es vor allem ihm zu verdanken, dass in einer Etage des Kaufhauses Tietz die »1. Internationale Kunstausstellung« stattfinden konnte, auf der

---

[2] Vgl. Gertrude Cepl-Kaufmann: »Der Fall Uzarski«. – In: R(h)ein Gedacht. Ausgewählte Aufsätze zur Kulturregion Rheinland. Essen 2007, S. 42.

[3] Sie erschien 1929 in Fortsetzungen unter dem Titel »Eine nachdenkliche Geschichte in 48 Bildern« in Heft 1-12 des Jg. 4./5 der sozialdemokratischen Zeitschrift »Der Bücherkreis«. Im Nachlass findet sich unter dem Titel »Die Insel. Ein Bilderbuch für Deutsche« eine auf 72 Bilder erweiterte Fassung aus dem Jahr 1945. Der geplante Druck in einem Ost-Berliner Verlag kam nicht zu Stande. 1984 druckte der Karin Kramer Verlag, Berlin, die kürzere Fassung von 1929 nach (Reihe: Lager-Schaden 3). Vgl. dazu Helmut Kronthaler: Adolf Uzarski: »Eine nachdenkliche Geschichte in 48 Bildern«. – In: Deutsche Comicforschung 17. 2021, S. 45-53.

Bilder von Chagall, Picasso und anderen bedeutenden Vertretern der Moderne gezeigt wurden. Diese Ausstellung fand statt als Gegenveranstaltung zur traditionellen Düsseldorfer »Großen Kunstausstellung«, und der spuckende Vulkan, den er als Signet für die Zeitschrift »Das Junge Rheinland« entwarf, zeigt es bereits an: Die Gruppe und auch Uzarski selbst waren äußerst streitbar und gingen keiner Auseinandersetzung aus dem Wege. Hauptgegner waren die Düsseldorfer Akademie und die im Wilhelminismus stecken gebliebene akademische Malerei, die städtische Kulturverwaltung, aber auch die Düsseldorfer Presse und der verstockte Teil des Düsseldorfer Publikums. Verschiedentlich war Uzarski in Prozesse u.a. mit Journalisten verwickelt. Doch auch im »Jungen Rheinland« selbst kam es zu Querelen. 1923 verließ er nach einem Streit, der sich an der »Mutter« Ey entzündete, die Gruppe und gründete mit anderen Künstlern zunächst die »Rheingruppe« und nach deren Auflösung schließlich die »Rheinische Sezession« (1928). Im Jahr der Gründung des überregional angelegten »Jungen Rheinlands« war er zudem an der Gründung des »Immermannbundes« beteiligt, eines Kulturvereins für die Stadt Düsseldorf, der ein anspruchsvolles Programm mit Vorträgen, Dichterlesungen, aber auch musikalischen und theatralischen Aufführungen anbot.

Der Januar 1933 und die Machtübernahme durch die Nationalsozialisten bereitete allen künstlerischen, schriftstellerischen und organisatorischen Aktivitäten Uzarkis ein abruptes Ende. Teile seines künstlerischen Werks wurden als »entartete Kunst« eingestuft und aus öffentlichen Sammlungen entfernt. Seine Romane mit ihrem Eintreten gegen Nationalismus, Militarismus, Antisemitismus und ihrer beißenden Kritik an der entstehenden nationalsozialistischen Bewegung mussten die neuen Machthaber provozieren und landeten mit zwei

Ausnahmen auf der »Liste des schädlichen und uner-
wünschten Schrifttums«.[4] Weiteres Arbeiten wurde ihm
unmöglich gemacht. Seiner Einkunftsmöglichkeiten be-
raubt fristete er eine kümmerliche Existenz am Rande
der Gesellschaft, hauste eine Zeit lang mit seiner Frau in
einem Zelt bevor er sich 1943 ins benachbarte Belgien
flüchtete, um dort die deutsche Niederlage abzuwarten.
Unmittelbar danach kam er nach Düsseldorf zurück und
versuchte alte Verbindungen anzuknüpfen. Doch gelang
es ihm nicht mehr als Künstler oder Autor in der jungen
Bundesrepublik Fuß zu fassen. Einzig als Verfasser klei-
nerer Feuilletons in den »Düsseldorfer Nachrichten« und
als Karikaturist in der Zeitschrift eines kommunistischen
Düsseldorfer Kleinverlags bot sich ihm in den 1950er
Jahren noch einmal eine öffentliche Bühne. Derselbe
Verlag druckte auch zwei seiner Romane nach. Ansons-
ten galt Uzarski als verschollen und lebte weitgehend un-
bemerkt und völlig zurückgezogen in Düsseldorf. 1967
veranstaltete die Berliner Akademie der Künste eine
Uzarski-Ausstellung mit Illustrationen, satirischen
Zeichnungen und Aquarellen. Das Düsseldorfer Stadtmuseum, heute auch Aufbewahrungsort von Uzarskis
Nachlass, zeigte 1970 anlässlich seines Todes eine klei-
nere Ausstellung mit graphischen Arbeiten und 1985
dann eine umfangreichere Schau zum 100. Geburtstag,
die zusammenfiel mit einer großen Ausstellung in der
Düsseldorfer Kunsthalle, in der die Geschichte des »Jungen Rheinlands« erstmals wieder ins Bewusstsein einer
größeren Öffentlichkeit gerückt wurde.

---

[4] Auf der Ausgabe der Liste von 1938 fehlen lediglich die Titel
»Kurukallawalla« (1927) und »Der Fall Uzarski« (1928).

Als Romancier beginnt Uzarski in der Tradition des Schelmenromans, und weist denn auch in seinem allerersten Versuch, der »Spanischen Reise« von 1919, gleich zu Anfang ausdrücklich auf Christian Reuters »Schelmuffsky« hin, den berühmtesten deutschen Vertreter dieses Genres.[5] Mit Reuter verbindet Uzarski nicht nur in diesem Roman die Figur des beschränkten, aber selbstbewussten Helden, der eine Kette von unsäglichen Abenteuern durchlebt und stets zur falschen Zeit das Falsche tut und sagt, sondern auch die Neigung zu skatologischen Exkursen. Vielleicht hat auch Heines »Schnabelewopski«-Fragment eine Rolle gespielt, eine moderne und wesentlich dezentere Version des Schelmenromans, die aber ebenfalls in der Tradition Reuters steht. Heine und seine kritisch-ironische Weltsicht waren für den Autor Uzarski von zentraler Bedeutung. Mit Heine führt er den Leser im »Möppi«-Roman von 1921 durch die Düsseldorfer Altstadt, und nicht zufällig gehörte er dann 1956 zu den Mitbegründern der Heinrich-Heine-Gesellschaft. Die Kritik ruft darüber hinaus Grimmelshausen, Cervantes und Rabelais als Ahnen des Uzarskischen Schreibstils auf. Daneben gab es verschiedene lokale Einflüsse. Befreundet war er mit den Düsseldorfer Autoren Herbert Eulenberg und Hans Müller-Schlösser, für die er jeweils Bücher ausgestattet hat und die beide ihre Spuren in seinem Werk hinterlassen haben.[6] Bei den grotesken Zuspitzungen in seinen Texten darf man sich den

---

[5] Vgl. Die spanische Reise. Aus den Papieren des weiland Gemeinderatmitglieds Aribert Müffer. Düsseldorf 1919, S. 13. – Die Erstausgabe von »Schelmuffskys Warhafftige Curiöse und sehr gefährliche Reisebeschreibung zu Wasser und Lande« erschien in zwei Bänden 1696 und 97.

[6] Uzarski hat bei Eulenbergs Roman »Katinka, die Fliege« (1911) den Buchschmuck übernommen. Eulenbergs Einfall, einen Roman aus der Perspektive eines Tieres zu schreiben, hat er dann für seinen

Düsseldorfer local hero Hermann Harry Schmitz im Hintergrund denken, mit dem Uzarski bekannt war.[7] Dagegen kann er mit Hanns Heinz Ewers, dem in den 1920er Jahren bekanntesten Düsseldorfer Autor, gar nichts anfangen.[8]

Mit Hermann Harry Schmitz und Hans Müller-Schlösser teilt Uzarski auch die Vorliebe für die kleinbürgerlichen Helden. Voller Ironie zitiert er einen Kollegen, der ihm bescheinigt hat, dass er sich offenbar »im Kleinbürgertum am wohlsten fühlt, in dieser betulichen und umständlichen, an der Erde klebenden Menschenart.«[9] Es ist das deutsche Bürgertum, vor allem, aber nicht nur in seiner Ausprägung als Kleinbürgertum, aus der sich das Arsenal der meisten Romanfiguren Uzarskis rekrutiert. Die kleinbürgerlichen Bewohner von Krähwinklerbrück, Piefkeshausen und Pforzkirchen unterscheiden sich allenfalls durch ihren Mangel an Bildung und ihre ungehobelte Grobheit von der großbürgerlichen Gesellschaft, die sich in der italienischen Sommerfrische versammelt (»Das Hotel zum Paradies«) oder den Honoratioren aus Düsseldorf und Köln, denen man im »Möppi«-Roman bzw. in »Beinahe Weltmeister« begegnet. Verbunden

---

Roman »Möppi. Die Memoiren eines Hundes« (1921) genutzt. – Müller-Schlössers Sammlung »Mäuzkes« (1916) und seine Komödie »Die Zinnkanne« (1917) hat Uzarski illustriert. Vergeblich hat er versucht, mit eigenen Komödien an den Erfolg von Müller-Schlössers »Schneider Wibbel« (1913) anzuknüpfen. Seine Stücke wurden von der Intendanz des Düsseldorfer Schauspielhauses durchweg abgelehnt.

[7] Vgl. in diesem Band S. 93-97.

[8] Immer wieder verteilt er Seitenhiebe gegen Ewers, vgl. etwa in diesem Band S. 53. – 1913 hatte Uzarski Ewers genau wie Eulenberg, Müller-Schlösser und sich selbst im Auftrag des Kaufhauses Tietz porträtiert (vgl. Rheinische Erzähler. Agenda 1914. Düsseldorf, Leonhard Tietz AG Verlag, 1913.)

[9] Vgl. Das Chamäleon; in diesem Band S. 50f. Um welchen Kollegen es sich handelt, ließ sich leider nicht feststellen. Das Zitat könnte aus einer Rezension stammen.

sind alle diese Bürger durch ihre Verbohrtheit in eine Fülle von Vorurteilen, deutsch sind sie durch die spezifische Färbung dieser Vorurteile, die sich unter den Stichworten Nationalismus, Militarismus, Obrigkeitsdenken, Antisemitismus, Fremdenfeindlichkeit und Angst vor Veränderung grob zusammenfassen lassen. Deshalb ist Uzarskis Romanwerk denn im Kern auch eine einzige Abrechnung mit dem Deutschland der Weimarer Republik, in dem diese Vorurteile trotz der furchtbaren Erfahrungen des Ersten Weltkrieges hartnäckig weiterlebten, und in dem das Bürgertum keine wirkliche Anstrengung unternahm, stabile demokratische Strukturen aufzubauen und die Masse der Bevölkerung für die Demokratie zu begeistern oder auch nur zu interessieren. Die Geschichte der Stadt Düsseldorf liefert dafür ein anschauliches Beispiel. Uzarskis satirische Beschreibung dieses Bürgertums in allen seinen Spielarten ist absolut zutreffend und steigert sich von den noch eher harmlosen Anfängen in der »Spanischen Reise« und im »Möppi«-Roman recht schnell zu beißender Kritik, etwa wenn in »Tun-Kwang-Pipi« (1924) die deutsche Gesellschaft zum Bestiarium mutiert, deren seltsamste Exemplare die chinesischen Eroberer in Käfige sperren und bestaunen. Im selben Roman scheint ihm sechs Jahre nach Ende des Ersten Weltkriegs angesichts der ungebrochenen Kriegsbegeisterung in Deutschland das Ende des Abendlandes nahe zu sein.

In einer Mischung aus Verachtung und Belustigung sieht Uzarski Filmstars und Sportler zu den wahren Helden einer Gesellschaft aufsteigen, deren zentrales Merkmal Betrug und Schwindel sind und die jede Orientierung zu verlieren droht. In seinem interessantesten Roman mit dem Titel »Der Fall Uzarski«, eine Art von grotesk-dadaistischer Kriminalgeschichte, bewegt sich der Autor als Held durch eine sinnentleerte und weitgehend

zusammenhanglose Welt, deren Rätsel auch der weltberühmte Detektiv nicht zu lösen vermag. Uzarski, seiner Selbsteinschätzung nach als Autor »Moralist und

Weltverbesserer«,[10] stand dem Sumpf, den dieses deutsche Bürgertum der 1920er und 30er Jahre bildete, am Ende hilflos gegenüber. Zwar war seine Diagnose klarsichtig und zutreffend, doch wusste er keinen Ausweg aus dem unaufhaltsamen Abstieg Deutschlands in die nächste Katastrophe, deren Anzeichen er so früh und so genau beschrieben hatte und deren Ausmaß dann alles übertraf, was auch Uzarski sich vorstellen konnte. Und es darf nicht verwundern, dass dieser Autor im dröhnenden Schweigen, das in den 1950er und frühen 1960er Jahren in Deutschland herrschte, keine Resonanz mehr finden konnte.

---

[10] Vgl. Uzarskis Interview mit Anna Klapheck zu seinem 80. Geburtstag in der »Rheinischen Post« vom 12.4.1965.

Textnachweise und Kommentar

Aus den Romanen

I. Deutsche Verhältnisse

1. *Deutsche Geschichte im Überblick.* Auszug aus: Die Reise nach Deutschland. Aus dem Spanischen des Don Jose Maria Borrico. Potsdam 1924, S. 115-120. – Die Geschichte vom Alten Fritz und dem Flügelmann unterstreicht eine gewisse Vorliebe Uzarskis für skatologische Anekdoten und Anspielungen, die auf die Tradition des Schelmenromans zurückgeht. Leicht abgewandelt hatte er die Anekdote bereits in der »Spanischen Reise« (1919) erzählt (S. 364). – Kaldaunen: Eingeweide, Innereien.

2. *Deutsche Kleinstadtverhältnisse – Krähwinklerbrück.* Auszug aus: Möppi. Die Memoiren eines Hundes. München 1921, S. 188-192. – Uzarskis »Hunde-Roman« wurde mit 15 Auflagen bis 1930 zu einem großen Publikumserfolg. Angeregt worden könnte er sein durch den Roman »Katinka, die Fliege« (1911) des ihm befreundeten Herbert Eulenberg, für den Uzarski die Einbandgestaltung übernahm. – Die sarkastische Kritik des deutschen Antisemitismus findet sich ähnlich an vielen Stellen seines Werkes. Der 1919 gegründete und 1922 verbotene Deutschvölkische Schutz- und Trutzbund, mitgliederstärkster und einflussreichster antisemitischer Verband und Wegbereiter des Nationalsozialismus, hatte seinen Sitz zunächst in Duisburg, Uzarskis Heimatstadt. Sein Vereinsabzeichen war das Hakenkreuz. – Serviteur: Hemdbrust, Chemisette.

3. *Deutsche Großstadtverhältnisse – Düsseldorf.* Auszug aus: Möppi. Die Memoiren eines Hundes. München 1921, S. 126-145. – Uzarski bezieht sich für das alte Düsseldorf auf das Reisebild »Ideen. Das Buch Le Grand«, in dem Heinrich Heine (1797-1856) u.a. seine

Düsseldorfer Kindheit schildert und mit dem Zitat: »Die Stadt Düsseldorf ist sehr schön, und wenn man in der Ferne an sie denkt, und zufällig dort geboren ist, wird einem wunderlich zu Mute.« ein Denkmal setzt. – Jan Wellm oder Jan Wellem ist der in Düsseldorf bis heute geläufige Name für den Herzog Johann Wilhelm von Jülich-Kleve-Berg (1562-1609). – Karl Immermann (1796-1840), Schriftsteller und Theaterreformer, lebte von 1827-1840 in Düsseldorf. – Felix Mendelssohn Bartholdy (1809-1847) und Robert Schumann (1810-1856) wirkten von 1833-1835 bzw. 1850-1854 als Städtische Musikdirektoren in Düsseldorf. – Christian Dietrich Grabbe (1801-1836) hielt sich von 1834-36 in Düsseldorf auf und war für seine Alkoholexzesse berüchtigt. Er war befreundet mit dem früh verstorbenen Düsseldorfer Komponisten Norbert Burgmüller (1810-1836). Johannes Brahms (1833-1897) besuchte die Familie Schumann verschiedentlich in Düsseldorf. – Der linksrheinische Teil Düsseldorfs stand seit Dezember 1918 unter belgischer Besatzung. Belgische Truppen kontrollierten den Übergang über die Rheinbrücke. Rechtsrheinisch war Düsseldorf seit März 1921 von den Franzosen besetzt. – Ein Vertikow (Vertiko) ist ein niedriger Schrank mit Schubladen und Aufsatz. – Zu Heines Zeit bestand Deutschland aus 36 selbständigen Fürstentümern. – Von 1876 bis 1943 verfügte Düsseldorf über einen Zoologischen Garten, der nach dem 2. Weltkrieges nicht wieder aufgebaut wurde. – Düsseldorf war seit je berühmt für den hier hergestellten Senf (Mostrich). – Peter Behrens (1868-1940), Architekt und Designer, von 1903-1907 Direktor der Kunstgewerbeschule Düsseldorf, an der Uzarski studierte. Er baute das frühere Mannesmann-Gebäude an der Rheinfront. – Josef Maria Olbrich (1867-1908) baute in Düsseldorf das Warenhaus der Leonhard Tietz AG (heute: Kaufhof an der Kö). – Fritz Roeber (1851-1924), Historienmaler und von

1908-1921 Direktor der Düsseldorfer Kunstakademie.
Den Künstlern des »Jungen Rheinland« galt er als Vertreter einer reaktionären wilhelminischen Kunst. – Die
national ausgerichteten »Düsseldorfer Nachrichten« waren 1918 aus dem »Düsseldorfer General-Anzeiger« her-
vorgegangen. – Peter Cornelius (1783-1867), Maler und
1819 Gründungsdirektor der Kunstakademie Düsseldorf. Sein Denkmal von Adolf von Donndorf (1835-
1916) befindet sich am Rande des Hofgartens. – Henny
Porten (1890-1960), Schauspielerin und Stummfilm-
star. – Der bergische Löwe, Wappentier Düsseldorfs,
wurde 1916 am südlichen Ende der Königsallee als über-
lebensgroße Holzfigur aufgestellt. Zur Linderung der
Kriegsnot wurden dort Nägel verkauft, die man in die
Figur einschlagen konnte. Der Spruch auf dem Sockel
stammte von dem Bankier und Schriftsteller Moritz
Leiffmann (1853-1921). – Die Galerie von Alfred
Flechtheim (1878-1937), zu dem Uzarski ein zwiespälti-
ges Verhältnis hatte, lag an der Königsallee 34. – Der
neobarocke Schalenbrunnen auf dem Corneliusplatz
stammt von Leo Müsch (1846-1911). ›Mösch‹ steht im
rheinischen Dialekt für den Spatzen. – Der »Tritonen-
brunnen« von Fritz Courbillier (1869-1953) wurde
1898 am nördlichen Anfang des Kö-Grabens aufgestellt.
Er ist keineswegs aus Beton, sondern aus Kalkstein. – Für
das Warenhaus Tietz hatte Uzarski Werbeplakate und
Inserate entworfen. Dort fand 1922 auch die »1. Internationale Kunstausstellung« statt, an deren Organisation
Uzarski wesentlich beteiligt war. – »De Jröne Jong«
(»Der Grüne Junge«) ist der Name eines Brunnens im
Hofgarten von Joseph Hammerschmidt (1873-1926). –
Der »Kinderbrunnen« oder Märchenbrunnen des französischen Bildhauers Max Blondat (1872-1925) wurde
1905 im Hofgarten aufgestellt und bereits früh zum Ziel
von Vandalismus, zuerst wegen der französischen Herkunft des Künstlers. Heute sind die Marmorfiguren im

Park durch eine Bronzekopie ersetzt, während das Original im Stadtmuseum zu sehen ist. – Der Ananasberg ist eine Erhebung im Hofgarten, benannt nach einem Lokal. Der unter Zugabe von Koffein hergestellte Kaffee-Ersatz war in der Nachkriegszeit rationiert und wurde durch die Stadtverwaltung ausgegeben. – Das Stadttheatergebäude an der Alleestraße (heute: Heinrich-Heine-Allee) von 1875 diente seit einem Umbau 1905/06 zugleich als Sprechbühne und als Opernhaus. – Der Musikpavillon befand sich auf dem Vorplatz des 1915 eröffneten »Carsch-Hauses«, eines Kauf- und Geschäftshauses am Ende der Alleestraße. – Breidenbacher Hof, ein noch heute existierendes Hotel. – Das Moltke-Denkmal von Josef Tüshaus (1851-1901) und Joseph Hammerschmidt wurde 1901 enthüllt und stand vor dem »Carsch-Haus«. 1943 wurde es weitgehend zerstört. – Das »Kaiser-Wilhelm-Denkmal« von Carl Janssen (1855-1927) wurde 1896 auf der Alleestraße aufgestellt und steht seit 1998 gegenüber der Johanneskirche. – Das Bismarck-Denkmal von Johannes Röttger (1864-1946) und August Bauer (1868-1961) wurde 1899 eingeweiht. Es bildete den abschließenden Teil der preußischen »Denksmalstrilogie«. Seit 1969 steht es auf dem Martin-Luther-Platz wieder in Sichtweite zum Denkmal für Wilhelm I. und zu den Resten des Moltke-Denkmals. – Angelo Jank (1868-1940) war ein bekannter Tiermaler und Graphiker; »Cezank« ist eine Verballhornung von Cézanne. – Die 1908 angebrachte bronzene Plakette am Heine-Geburtshaus wurde 1940 tatsächlich eingeschmolzen. – Eduard von Gebhardt (1838-1925), Andreas und Oswald Achenbach (1815-1910; 1827-1905), Max Clarenbach (1880-1952), führende Vertreter des Düsseldorfer Kunstbetriebs. – In der Gaststätte »Zum Goldenen Kessel« wurde auf Initiative des Düsseldorfer Schriftstellers Herbert Eulenberg im Jahr 1913 eine marmorne Heine-Büste aufgestellt. – Dünnbier (2% Alkoholgehalt) musste in der Nachkriegszeit das traditionelle Altbier ersetzen. Raucher litten unter dem Mangel an Tabak, so dass die verbleibenden Bestände mit gedörrtem Buchenlaub aufgefüllt wurden. Dagegen scheint es ausreichend weichen Bierkäse gegeben zu haben (Mainzer oder Harzer Käse), den sogenannten »Halve Hahn«. – Die weltberühmte Gemäldesammlung Jan Wellems wurde 1806 auf Weisung des damaligen Landesherrn nach München verbracht. Orridezza, ital. für ‚Scheußlichkeit‘. – Marcell Nemes (1866-1930), ungarischer Sammler, der 1912 seine kostbare Sammlung alter und moderner Kunst vergeblich der Stadt Düsseldorf zum Kauf angeboten hatte. – Max Bewer (1861-1921), völkisch-antisemitischer Schriftsteller aus Düsseldorf. – Fritz Neuhaus (1852-1922), Genre- und Historienmaler. – Uzarski spielt an auf seine Auseinandersetzung mit dem Journalisten Gottfried Stoffers wegen der unrechtmäßigen Verwendung von Privatbriefen. – Auf dem ehemaligen Marktplatz vor dem Rathaus steht bis heute das barocke Reiter-Denkmal des Herzogs Jan Wellem von Gabriel Grupello (1644-1730). – Die wilhelminischen Wandgemälde im sogenannten Neuen Rathaus von 1888 wurden im 2. Weltkrieg zerstört. – Der Karlplatz (heute: Carlsplatz) wurde nach dem Kurfürsten Carl Theodor (1724-1799) benannt. – Louise Dumont (1862-1932) und ihr Mann Gustav Lindemann (1872-1960) eröffneten 1905 das Schauspielhaus in Düsseldorf, das sie in der Folgezeit zu einem der progressivsten deutschen Theater entwickelten. Seine Geschichte endete 1933 unter dem Druck der Nationalsozialisten. Uzarski unterhielt enge Verbindungen zum Schauspielhaus und dessen Intendanz (s.u.). – Lindemann hatte den Journalisten Gustav Luhde wegen eines hetzerischen Artikels geohrfeigt, was 1922 zu einem Prozess führte. – Die große Düsseldorfer Synagoge an der Kasernenstraße wurde 1904 eingeweiht, im Zuge des November-Pogroms am 10. November 1938 in Brand gesetzt und wenig später abgerissen. – Fern Andra (1893-1974), us-amerikanische Schauspielerin und Stummfilm-Star. – Hedwig Courths-Mahler (1867-1950), erfolgreiche deutsche Unterhaltungsschriftstellerin; Otto Borngräber (1874-1916), Lyriker und Dramatiker. – Die »Düsseldorfer Zeitung« war eine wenig erfolgreiche Zeitung. 1919 kam sie zum Droste-Verlag und wurde 1926 in »Düsseldorfer Stadt-Anzeiger« umbenannt. – Im Februar 1919 wurde ein Spartakistenaufstand in Düsseldorf durch das Freikorps Lichtschlag unter Einsatz von Artillerie niedergeschlagen. – An der Graf-Adolf-Straße 47 errichtete der Architekt Hermann von Endt (1861-1939) ein Haus mit historistischer Fassade, das seit 1901 als Handelskammer und Sitz der Börse diente.

4. *Ein Deutscher auf Elefantenjagd in Spanien.* Auszug aus: Die spanische Reise. Aus den Papieren des weiland Gemeinderatmitglieds Aribert Müffer. Düsseldorf 1919, S. 333–339. – Uzarskis erste Buchveröffentlichung, die bis 1930 23 Auflagen erlebte, machte ihn mit einem Schlage bekannt. Der Text steht in der Tradition des Schelmenromans. Der Held hat die bizarre Vorstellung aus Deutschland mitgebracht, in Spanien auf wilde Elefanten zu treffen und macht sich während eines Aufenthaltes in Ronda auf die Jagd nach ihnen. – Im Buch spielt ein Reisender eine Rolle, der sich als Karl May vorstellt und mit seinen Abenteuern prahlt.

5. *Deutsche Sommerfrische.* Auszug aus: Das Hotel zum Paradies. München 1929, S. 53–61. – Die Szene spielt im Speisesaal eines Hotels im italienischen Nervi, einem Stadtteil Genuas, unter deutschen Touristen, die dem gehobenen Bürgertum entstammen. Uzarski und seine Frau machten 1924 gemeinsam mit Arthur Kaufmann und Otto Dix sowie deren Familien Urlaub in Italien.

138

II. Deutsche Helden

1. *Heldenschau.* Auszug aus: Das Chamäleon. Ein Heldenbuch. München 1922, S. 261-263. – Den Düsseldorfer »Immermannbund« hatte Uzarski im März 1919 mitbegründet.

2. *Der Schriftsteller und Journalist.* Auszug aus: Möppi. Die Memoiren eines Hundes. München 1921, S. 79–85. – Bei Pfitzkes handelt es sich wohl um einen Spottnamen. Rudolf Herzog (1869-1943) war ein beliebter Unterhaltungsschriftsteller. – Während die Namen Sibilla Pferdmenges und Rüdiger Armloch-Schweißblatt und die zugehörigen Titel Spottnamen sind, waren Hanns Heinz Ewers (1871-1943) und sein Roman »Alraune« (1911) sowie Walter Bloem (1868-1951) und sein Roman »Das eiserne Jahr« (1910) Autoren und Werke, die Uzarski nicht schätzte. – »Düsseldorfer Zeitung« s.o. zu Text I.3. – Galerie F.: Galerie Flechtheim, s.o. zu Text I.3. – um unserem Volke: im Erstdruck steht hier »in unserem Volke«, wohl ein Druckfehler.

3. *Der Proletarier.* Auszug aus: Möppi. Die Memoiren eines Hundes. München 1921, S. 85–93. – »Volkshäuser« nannten sich die Büro- und Versammlungsgebäude der sozialdemokratisch-freigewerkschaftlich organisierten Arbeiterbewegung. Vorbild war hier wohl das ehemalige Düsseldorfer »Volkshaus« in der Flinger Str. 11. – Kaschott für Gefängnis, nach dem gleichbedeutenden frz. ›cachot‹. – Gerüchte über mit Gold beladene Autos auf dem Weg von Frankreich nach Russland machten zu Beginn des 1. Weltkriegs in Deutschland die Runde. Auch witterte man überall Spione.

4. *Die Filmstars.* Auszug aus: Kurukallawalla. Eine sensationelle Geschichte. München 1927, S. 5-8; 51-56. – Der Name »Vereinigte deutsche Film-Aktiengesellschaften« (Vdfa) erinnert an die 1917 gegründete »Universum Film-Aktiengesellschaft« (Ufa).

5. Der Sportler. Auszug aus: Beinahe Weltmeister. Ein heiterer Boxerroman. München 1930, S. 49-55. – Der Held der Geschichte trägt Züge des Schwergewichtsboxers Max Schmeling (1905-2005), der 1930 Weltmeister wurde und danach in Deutschland ungeheuer populär war. – Wie die Namen der Protagonisten zeigen, nahm Beinahe an einer Aufführung von Beethovens Oper »Fidelio« teil.

6. *Die Krieger.* Auszug aus: Tun-Kwang-Pipi. Erlebnisse und Abenteuer der Expedition nach Europa nebst einem Bericht des Herrn Gustav Hetzer im Anhang. Potsdam 1924, S. 136-142. – Der Roman schildert die Abenteuer eines chinesischen Expeditionsheeres in Deutschland. Erzählt wird aus der Perspektive eines des Deutschen mächtigen chinesischen Gelehrten. – HB steht für Hofbräuhaus und für das Hofbräubier. – Die Chinesen hatten in Hamburg einen »Garten« angelegt, in dem besonders seltsame Exemplare von Deutschen gehalten wurden und für den sie den bayrischen General anforderten.

7. *Der Autor (Groteske).* Auszug aus: Der Fall Uzarski. München 1923, S. 21-27; 63-70. – Diese Groteske schlägt ins Surreale und Dadaistische um. – Der im Text erwähnte Vierköter nimmt Bezug auf den Langstreckenschwimmer Ernst Vierkötter (1901-1964) aus Köln, der 1926 einen Rekord beim Durchschwimmen des Ärmelkanals aufstellte.

Artikel und Briefe

1. *Hermann Harry Schmitz. Brief und Text*

Hermann Harry Schmitz an Adolf Uzarski, Düsseldorf 1. Juli 1912; Original: Archiv Bilker Heimatfreunde, Düsseldorf (Druck nach: Michael Matzigkeit: Hermann

Harry Schmitz. Der Dandy vom Rhein. Düsseldorf 2005, S. 150f.).

Adolf Uzarski: Wie Hermann Harry Schmitz nach Afrika fuhr. Original: Ungedrucktes Typoskript im Nachlass, Stadtmuseum Düsseldorf. – Hermann Harry Schmitz (1880-1913) war bekannt als Autor von Grotesken, die im »Düsseldorfer General-Anzeiger« und später gesammelt in Buchform erschienen, und für seine dandyhaften Auftritte in der Düsseldorfer Gesellschaft. Ständige Krankheiten führten dazu, dass er sich durch einen Pistolenschuss das Leben nahm. – Uzarskis Text entstand nach 1945 und somit in einigem Abstand zu den geschilderten Ereignissen, woraus Unstimmigkeiten resultieren. Die »Düsseldorfer Nachrichten« gab es erst seit 1918, also erst nach dem Tod von Schmitz. Zwar übernahm Fritz Worm (1887-1940) 1910 eine Buchhandlung an der Königsallee 54, die zu einem Treffpunkt von Düsseldorfer Intellektuellen wurde; auch lebte Herbert Eulenberg (1876-1949) seit 1904 in Düsseldorf, bis 1909 als Dramaturg am Schauspielhaus und danach als freier Schriftsteller. Doch der berühmte Dirigent und Pianist Georg Szell (1897-1970) kam erst 1922 für zwei Jahre nach Düsseldorf und war zum Zeitpunkt von Schmitz' Tod auch erst 16 Jahre alt.

2. »Das Junge Rheinland«. Briefe und Texte
Briefe

Adolf Uzarski an Hans Franck, Düsseldorf, 13. November 1919. Original: Nachlass Franck, Landesbibliothek Mecklenburg-Vorpommern (Schwerin), Sign. NL 08 Br Uzar. – Hans Franck (1879-1964) war von 1914-1921 am Düsseldorfer Schauspielhaus Dramaturg, Schriftleiter der Theaterzeitschrift »Masken« und Leiter der angegliederten Theaterakademie. – Die 100-Jahrfeier der Kunst-Akademie fand am 1.11.1919 im Malkasten statt zusammen mit der Feier des 75jährigen Bestehens des

»Vereins der Düsseldorfer Künstler zu gegenseitiger Unterstützung und Hilfe«. Es wurde ein »Festspiel« von Ludwig Keller und Kurt Kamlah aufgeführt. – Roeber s.o. zu Text I.3. – Karl Koetschau (1868 -1949), Kunsthistoriker, von 1913 bis 1934 Direktor der Städtischen Kunstsammlungen Düsseldorf und Förderer der jungen Künstler.

Adolf Uzarski an Louise Dumont, Düsseldorf, 16. Januar 1920. Original: Theatermuseum Düsseldorf, Sign. SHD 1625. – Uzarski hatte zusammen mit Arthur Kaufmann und Herbert Eulenberg zur Bildung einer Künstlervereinigung »Junges Rheinland« aufgerufen, die sich am 24. Februar 1919 konstituierte. Er gehörte dem Vorstand an und übernahm verschiedene Funktionen. – Auf der traditionellen »Großen Düsseldorfer Kunstausstellung« für das Jahr 1920, in deren Vorstand Uzarski entsandt worden war, wurde dem »Jungen Rheinland« viel Platz eingeräumt. – Bereits im Januar 1920 hatte das »Junge Rheinland« im Kunstmuseum Essen ausgestellt. – Tatsächlich fanden Bilder von Erich Kuhn (1890-1967) Aufnahme in die Sektion »Junges Rheinland« innerhalb der »Großen Kunstausstellung 1920«. Kuhn machte später Karriere als NS-Bildhauer. – Nachdem Dumont/ Lindemann die Intendanz des Schauspielhauses zum Ende der Spielzeit 1918/19 niedergelegt hatten, nahmen sie sie zur Spielzeit 1920/1921 wieder auf.

Adolf Uzarski an Louise Dumont, Düsseldorf, 28. Februar 1921. Original: Theatermuseum Düsseldorf, Sign. SHD 802. – Zu Kuhn vgl. den vorausgehenden Brief. Bei dem Neffen Gustav Lindemanns handelt es sich, wie eine Bleistiftnotiz auf dem Brief ausweist, aber nicht um Kuhn, sondern um den Maler und Graphiker Erich Glas (1897-1973), dessen Werke 1921 nicht gezeigt wurden.

Texte

Adolf Uzarski. – In: Das Junge Rheinland. 3. Heft, Dezember 1921, S. 4. – Von Oktober 1921 bis Mai 1922 (acht Hefte) erschien die Zeitschrift »Das Junge Rheinland«, deren Schriftleitung bei dem Maler Gert. H. Wollheim lag. Uzarski gestaltete den Titel, der einen spuckenden Vulkan zeigt, und lieferte regelmäßig Beiträge wie diese groteske Autobiographie.

Briefe aus Mpua-Mpua. – In: Das Junge Rheinland. 2. Heft, November 1921, S. 18/ 3. Heft, Dezember 1921, S. 17/6. Heft, März 1922, S. 21. – Hinter dem Ort Mpua-Mpua erkennt man unschwer die Stadt Düsseldorf. Der erste, im Stile Dadas verfasste Brief scheint sich vor allem an den Kunsthändler Alfred Flechtheim zu richten, worauf die Erwähnung des »Querschnitt«, so der Titel der von Flechtheim herausgegebenen Zeitschrift, aber auch die Namen der Künstler Pablo Picasso und Marie Laurencin verweisen. Im Haus Hindenburgwall 11 unterhielt die »Künstlermutter« Johanna Ey ein Café und eine Galerie, die nach dem Ersten Weltkrieg den Namen »Junge Kunst – Frau Ey« trug. Der zweite Brief ist eine Satire auf die städtische Kulturverwaltung. Der dritte Brief kritisiert das »Düsseldorfer Tageblatt« für sein Einknicken gegenüber einer Beschwerde des Städtischen Musikdirektors Karl Panzner.

Glatte Landung. – In: Das Junge Rheinland. 6. Heft, März 1922, S. 20. – Unter dem Obertitel »Feuer und Schwefel« lieferte Uzarski verschiedene kurze Texte für die Zeitschrift. Hier bespricht er eine Ausstellung in der Düsseldorfer Kunsthalle. Die verspotteten Maler Eduard von Gebhardt (1838-1925), Gerhard Janssen (1863-1931) und Walter Petersen (1862-1950) waren wichtige Figuren der traditionellen Düsseldorfer Malerei. – Wilhelm Lehmbruck (1883-1919) wurde von den Mitgliedern des »Jungen Rheinland« verehrt, sein Werk im Rahmen der »Großen Kunstausstellung 1920« umfangreich ausgestellt.

3. *Sport.* – In: Jugend – Münchner illustrierte Wochenschrift für Kunst und Leben. 32. Jg. 1927, Nr. 44, S. 920-922. – Die Zeitschrift gab es von 1896-1940. Als Namensgeberin des »Jugendstils« gelangte sie zu Berühmtheit. Sie richtete sich im Ersten Weltkrieg national aus, öffnete sich Mitte der 1920er Jahre wieder fortschrittlicheren Stimmen. Das war die Phase von Uzarskis Mitarbeit, der zwischen 1927 und 1931 sowohl Bildbeiträge wie Texte für die »Jugend« lieferte. Der Münchner Delphin-Verlag annoncierte in dieser Zeit dort auch Uzarskis Bücher. – Der Sport, seine Helden und die übersteigerte Begeisterung des Publikums für Sportler und sportliche Leistungen werden auch in manchen Romanen Uzarskis ironisiert, so z.B. in dem 1930 erschienenen Boxer-Roman »Beinahe Weltmeister«. Für diesen Roman spielte der Schwergewichtsboxer Max Schmeling eine Rolle, der auf dem Titelblatt der Nummer 44 der »Jugend«, in der »Sport« erschien, in einer Darstellung durch George Grosz abgebildet ist.– Otto Kemmerich (1886-1952) aus Husum war ein Langstreckenschwimmer und in den 1920er Jahren ein Volksheld. – Franz Diener (1901-1969), bekannter Schwergewichtsboxer und deutscher Meister. – Pieze de Residangs, verballhornt für frz. ›pièce de résistance‹: Hauptgericht, Meisterstück. – Unter die Phantasienamen sind mindestens zwei Namen von bekannten Sportlern gemischt: Otto Peltzer (1900-1970), Mittelstreckenläufer, vielfacher deutscher Meister und Olympiateilnehmer; Hubert Houben (1898-1956), Sprinter und Silbermedaillengewinner mit der Sprintstaffel bei den Spielen 1928 in Amsterdam. – Zu Vierköter s.o. zu II.7. – Paavo Nurmi (1897–1973), finnischer Langstreckenläufer und Olympiasieger. – Hans Breitensträter (1897-1972), populärer

deutscher Schwergewichtsboxer, 1920 zum ersten Mal deutscher Meister, trug, wie der Schauspieler Hans Albers, den Beinamen »der blonde Hans«. – Die Zitate entstammen den Gedichten »Die Glocke« (Schiller), »Abendständchen« (Eichendorff) und »Der wunde Ritter« (Heine). – Mah Jong hieß in den 1920er Jahren ein deutsches Rennpferd aus dem Gestüt Schlenderhan, Sieger des Deutschen Derbys 1927.

4. *Adolf Uzarski: Kurschildgen.* – In: Die Weltbühne 26/2, 1930, S. 1000f. – 1913 als »Die Schaubühne« gegründet, benannte sich die Zeitschrift 1918 in »Die Weltbühne« um. Unter den Herausgebern Siegfried Jacobsohn, Kurt Tucholsky und Karl von Ossietzki wurde das Blatt Sprachrohr der radikaldemokratischen Stimmen der Weimarer Republik und 1933 von den Nationalsozialisten verboten. – Heinz Kurschildgen (geb. 1899) aus Hilden, der 1914 eine Lehre in einer Hildener Färberei begonnen hatte, behauptete, er könne Gold machen. 1922 wurde er wegen Betrugs zu 18 Monaten Gefängnis verurteilt. Unter den Betrugsopfern waren angesehene Mitglieder der Düsseldorfer Gesellschaft, u.a. Dr. Richard Hennig (1874-1951), Professor an der Hochschule für Verkehr in Düsseldorf und bekannt für seine parapsychologischen Neigungen. Besonders peinlich wurde es durch die politische Dimension des Betrugsfalls, da die Betrogenen der Düsseldorfer Führung der Deutschnationalen Volkspartei angehörten. Kurschildgen hat seine Laufbahn als Betrüger bis in die Nachkriegszeit fortgesetzt, fand weiter willige, meist hochgestellte Opfer und musste immer wieder kurzzeitig in Haft.

5. *Nach dem 2. Weltkrieg. Zwei Briefe*

*Adolf Uzarski an Herbert Eulenberg, Düsseldorf, 25. September 194*5. Original: Nachlass Eulenberg, Rheinisches Literaturarchiv, Heinrich Heine-Institut, Düsseldorf. –

Tatsächlich gelang es Uzarski unter Mithilfe Eulenbergs, den Immermannbund Ende 1945 kurzzeitig wiederzubeleben. Vorsitzender wurde der im Brief genannte Gottfried Hedler (1885-1965).

Adolf Uzarski an Arthur Kaufmann, Düsseldorf, 7. September 1954. Original: Typoskript im Nachlass Uzarski, Stadtmuseum Düsseldorf. – Mit »William« ist wohl der Maler Will Küpper (1893-1972) gemeint. Die Maler Heinz May (1878-1954) und Hermann Hundt (1894-1974) sowie die Bildhauer Ernst Gottschalk (1877-1942) und Zoltan Székessy (1899-1968) waren Mitglied des »Jungen Rheinland« oder standen in enger Verbindung zu ihm. – Das »Schiffchen« ist eine Gaststätte in der Düsseldorfer Altstadt. – Das Buch »Panoptikum. Narren, Gauner, Biedermänner« erschien 1955 im Ost-Berliner Verlag der Nationen. Ebenfalls 1955 kam eine Neuauflage von »Möppi. Die Memoiren eines Hundes« im Düsseldorfer Progress-Verlag heraus. – Das Projekt einer erweiterten Neuauflage der 1929 erstmals erschienenen satirischen Bildergeschichte »Eine nachdenkliche Geschichte« unter dem Titel »Die Insel« wurde nicht realisiert. Erst im Jahr 1984 erschien ein kleinformatiger Nachdruck der Fassung von 1929 im Karin Kramer Verlag Berlin in der Reihe »Lager-Schaden«.

Bildnachweise

S. 12: Französische Katze mit preußischen Mäusen
Illustration aus: Die Reise nach Deutschland. Potsdam
1924, S. 119.

S. 21: Prostituierte auf der Düsseldorfer Königsallee
Illustration aus: Möppi. Die Memoiren eines Hundes.
München 1921, S. 132.

S. 28: Heinrich Heine führt Jan Wellem durch Düsseldorf
Illustration aus: Ebd., S. 141.

S. 38: Der flüchtende Elefantenjäger
Illustration aus: Die spanische Reise. Düsseldorf 1919,
S. 341.

S. 40: Herr Petermann
Illustration aus: Das Hotel zum Paradies. München
1929, S. 54.

S. 44: Professor Dr. Kämmerling
Illustration aus: Ebd., S. 42.

S. 57: Der Prolet beim Bier
Illustration aus: Möppi. Die Memoiren eines Hundes.
München 1921, S. 85.

S. 65: Susanna Sasunni. Filmstar
Illustration aus: Kurukallawalla. Eine sensationelle Geschichte. München 1927, S. 7.

S. 67: Mahomet de Strauß. Filmstar
Illustration aus: Ebd., S. 10.

S. 73: Der Boxer Emil Beinahe auf dem Balkon des Kölner Excelsior-Domhotels
Illustration aus: Beinahe Weltmeister. Ein heiterer Boxerroman. München 1930, S. 50.

S. 88: Der Detektiv als Kaiser Wilhelm II.
Illustration aus: Der Fall Uzarski. Eine grausige Kriminalgeschichte. München 1928, S. 63.

S. 101: Adolf Uzarski an Louise Dumont, Düsseldorf 28. Februar 1921
Theatermuseum Düsseldorf
S. 116: Adolf Uzarski an Herbert Eulenberg, Düsseldorf, 25. September 1945
Heinrich-Heine-Institut Düsseldorf
S. 122: Adolf Uzarski. Foto mit eigenhändiger Unterschrift
Foto von Rolf Lantin, ca. 1920er Jahre
Stadtmuseum Düsseldorf
S. 131: »Der Fall Uzarski" (Schutzumschlag)
Illustration zu: Der Fall Uzarski. Eine grausige Kriminalgeschichte. München 1928
S. 150: Kurukallawalla. Innentitel mit Porträt des Autors
Illustration zu: Kurukallawalla. Eine sensationelle Geschichte. München 1927.

Literatur

Die Romane

Die spanische Reise. Aus den Papieren des weiland Gemeinderatmitglieds Aribert Müffer. Düsseldorf, Bagel Verlag, 1919.

Möppi. Die Memoiren eines Hundes. München, Delphin Verlag, 1921.
  Neuauflage: Düsseldorf, Progress Verlag, 1955.
  Neuauflage: Düsseldorf, Verlag der Goethe-Buchhandlung, 1986.

Das Chamäleon. Ein Heldenbuch. München, Delphin Verlag, 1922.

Tun-Kwang-Pipi. Erlebnisse und Abenteuer der Expedition nach Europa nebst einem Bericht des Herrn Gustav Hetzer. Potsdam, Gustav Kiepenheuer Verlag, 1924.

Die Reise nach Deutschland. Aus dem Spanischen des Don Jose Maria Borrico [d.i. Adolf Uzarski] übers. u. illustriert von Adolf Uzarski. Potsdam, Gustav Kiepenheuer Verlag, 1924.

Herr Knobloch. Eines großen Mannes Glück und Ende. München, Delphin Verlag, 1926.

Kurukallawalla. Eine sensationelle Geschichte. München, Delphin Verlag, 1927.
Neuauflage: Düsseldorf, Progress Verlag, 1957 unter dem Titel: Kurukallawalla. Eine Satire aus der Welt des Films.

Der Fall Uzarski. Eine grausige Kriminalgeschichte. München, Delphin Verlag, 1928.

Das Hotel zum Paradies. München, Delphin Verlag, 1929.

Beinahe Weltmeister. Ein heiterer Boxerroman. München, Delphin Verlag, 1930.

Panoptikum. Narren, Gauner, Biedermänner. Berlin, Verlag der Nation, 1955.

Eine Geschichte in 48 Bildern. Berlin, Karin Kramer
Verlag, 1984 (= Lager-Schaden
3.)

Weiterführende Literatur (Auswahl)

Adolf Uzarski. Illustrationen, satirische Zeichnungen, Aquarelle. [Katalog Akademie der Künste] Berlin 1967.

Adolf Uzarski. 1885-1970. Gemälde, Grafik. Zum 100. Geburtstag des Künstlers. [Katalog Stadtmuseum Düsseldorf]. Düsseldorf 1985.

Am Anfang. Das Junge Rheinland. Zur Kunst- und Zeitgeschichte einer Region 1918-1945 [Katalog Kunsthalle Düsseldorf]. Hg. Ulrich Krempel. Düsseldorf 1985.

Cepl-Kaufmann, Gertrude: »Der Fall Uzarski«. – In: Bilanz Düsseldorf '45. Kultur und Gesellschaft von 1933 bis in die Nachkriegszeit. Hg. Gertrude Cepl-Kaufmann / Winfried Hartkopf / Winrich Meiszies. Düsseldorf 1992, S. 273-286 (Überarbeiteter Nachdruck in: Gertrude Cepl-Kaufmann: R(h)ein Gedacht. Ausgewählte Aufsätze zur Kulturregion Rheinland. Essen 2007, S. 40-58).

Kronthaler, Helmut: Adolf Uzarski: »Eine nachdenkliche Geschichte in 48 Bildern«. – In: Deutsche Comicforschung 17. 2021, S. 45-53.

Kugel, Winfried: Adolf Uzarski. – In: Literatur von nebenan. 1900-1945. 60 Portraits von Autoren aus dem Gebiet des heutigen Nordrhein-Westfalen. Hg. Bernd Kortländer. Bielefeld 1995, S. 361-365.

Lauer, Marlene: Bilder zum Lesen. Das graphische und malerische Werk von Adolf Uzarski. Köln, Wien 1990.

Murken, Barbara: Adolf Uzarski. – In: Lexikon der Kinder- und Jugend-Literatur. Hg. Kurt Franz und Franz-Josef Payrhuber. 63. Ergänzungslieferung September 2017. Meitingen 2017 S. 1-21.